TRAINING

Französisch im 2. Lernjahr

Ursula Koelblin

Interaktives eBook

STARK

Autorin: Ursula Koelblin ist in Mönchengladbach geboren und in Koblenz aufgewachsen. Sie studierte Romanistik, Anglistik sowie Geschichte in Heidelberg und verbrachte viele Jahre als *assistant teacher* in Crewe (England). Außerdem war sie als Au-Pair in Paris und im Périgord. Nach dem Referendariat in Mannheim und Schwetzingen, unterrichtet sie heute Französisch, Englisch und Ethik am Richard-von-Weizäcker Gymnasium in Baiersbronn, wo sie auch die Fachbereichsleitung Englisch inne hat.

Bildnachweis
Umschlag: © getty images / Lonely Planet Images / Chris Mellor

ISBN 978-3-8490-0918-2

www.stark-verlag.de
1. Auflage 2004

Inhalt

Fortsetzung siehe nächste Seite

Autorin: Ursula Koelblin
Illustratorin: Rebecca Meyer

Vorwort

Liebe Schülerin, lieber Schüler,

mit diesem Buch kannst du das **Grundwissen des zweiten Lernjahrs** Französisch wiederholen, deinen Kenntnisstand überprüfen und dich auf Klassenarbeiten vorbereiten.

- **Alle wichtigen Grammatikthemen** werden leicht verständlich erklärt und an Beispielen veranschaulicht.
- Anhand **vieler abwechslungsreicher Übungsaufgaben** trainierst du die Grammatik, erweiterst du deinen Wortschatz und übst du das Schreiben kürzerer Texte. Ein * kennzeichnet sogenannte **Knobelaufgaben**, die besonders anspruchsvoll sind.
- Zu jeder Aufgabe findest du **Lösungen** oder Lösungsvorschläge, damit du deine Leistung überprüfen kannst. Sieh erst im Lösungsteil nach, wenn du eine Aufgabe vollständig bearbeitet hast.
- Im Anhang findest du eine **Liste mit wichtigen unregelmäßigen Verben**. Hier schlägst du nach, wenn du die Formen eines Verbs nicht kennst.
- Viele Wörter, die du im Laufe des Schuljahrs lernst oder die wir in diesem Buch zusätzlich verwenden, findest du in der **Liste schwieriger Wörter**. Diese Liste kannst du auch nutzen, um deinen Wortschatz zu festigen und zu erweitern, indem du eine Spalte abdeckst und versuchst, die französische bzw. die deutsche Entsprechung zu finden.

Über die beiliegende CD und den Online-Code erhälst du außerdem Zugang zu einer **digitalen Ausgabe** dieses Trainingsbuchs:

- Damit stehen dir die Inhalte als **komfortabler e-Text** mit vielen Zusatzfunktionen (z. B. Navigation, Zoom, Markierungswerkzeuge) zur Verfügung.
- Zusätzlich findest du hier **interaktive Übungen**. Ein Klick genügt.

Viel Freude und Erfolg bei der Arbeit mit diesem Buch wünscht dir

Ursula Koelblin

Hinweise zum ActiveBook

So schreibst du die Akzente, den Apostroph und die Cedille:

- é *(accent aigu):* Drücke zuerst , dann die Taste des Vokals, auf dem du den Akzent platzieren möchtest.
- è *(accent grave):* Drücke gleichzeitig und , dann die Taste des Vokals, auf dem du den Akzent platzieren möchtest.
- ê *(accent circonflexe):* Drücke zuerst , dann die Taste des Vokals, auf dem du den Akzent platzieren möchtest.
- l'heure *(apostrophe):* Drücke gleichzeitig und .
- ç *(cédille):* Die Cedille findest du, wenn du im ActiveBook auf diesen Button klickst: Sonderzeichen

Achte außerdem darauf, dass du zwischen zwei Wörtern immer nur ein **Leerzeichen** setzt und nicht aus Versehen zwei oder mehr.

… rund ums Nomen

1 Der Gebrauch des Artikels bei Ländernamen – *L'emploi de l'article avec les noms de pays*

Anders als im Deutschen stehen **Ländernamen** im Französischen **meist mit dem Artikel**. Du solltest deshalb immer gleich mitlernen, ob ein Land maskulin oder feminin ist.

Beispiele: La France est très belle. / Je visite souvent le Danemark.
Frankreich ist sehr schön. / Ich besuche Dänemark oft.

Wie verwendest du den bestimmten Artikel bei Ländernamen?
Willst du ein Land als Ziel (Frage: „wohin?"), als Aufenthaltsort (Frage: „wo?") oder als Herkunftsort (Frage: „woher?") angeben, so musst du einige Besonderheiten beachten:

- Das **Land** ist **Zielort** oder **Aufenthaltsort:**
  - Bei **femininen Ländernamen** steht ***en*** **ohne Artikel**.
  - Bei **maskulinen oder Ländernamen im Plural** steht ***à*** **+ Artikel** (also: *au* bzw. *aux*).

  Beispiele: Je vais en Allemagne / Je suis en Allemagne.
  Je vais au Portugal. / Je suis au Portugal.
  Je vais aux Pays-Bas. / Je suis aux Pays-Bas.

- Das **Land** ist **Herkunftsort:**
  - Bei **femininen Ländernamen** steht ***de/d'*** **ohne Artikel**.
  - Bei **maskulinen oder Ländernamen im Plural** steht ***de*** **+ bestimmter Artikel** (also: *du* bzw. *des*).

  Beispiele: Je viens de France. / Je viens d'Allemagne.
  Je viens du Portugal.
  Je viens des Pays-Bas.

Aufgabe 1 Christophe hat in den Sommerferien mehrere Länder Europas besucht. Hier ist sein Reisebericht.
Ergänze die Lücken. Mache einen Strich, falls nichts eingetragen werden muss.

J'ai quitté ______________ France en juillet. D'abord, je suis allé ______________ Espagne, puis ______________ Portugal. Ce sont deux pays très beaux. Une semaine après, je suis parti ______________ Portugal pour retourner ______________ France. J'ai rendu visite à mes grands-parents, puis je suis allé ______________ Pays-Bas. ______________ Pays-Bas je suis allé au bord de la mer – super ! Après, je suis allé directement __________ Angleterre – j'aime beaucoup Londres. __________ Angleterre je suis allé __________ Allemagne pour visiter Hambourg et Berlin. __________ Allemagne je suis allé __________ Italie – j'ai voulu voir Rome, bien sûr. À Rome, j'ai visité tous les vieux monuments. Ils sont très intéressants, mais il a fait très chaud. Une semaine après, j'ai décidé d'aller __________ Autriche, un pays très beau avec toutes ses montagnes. __________ Autriche est vraiment belle, mais malheureusement on parle allemand __________ Autriche, donc je n'ai rien compris ! Alors, j'ai pris le train et je suis parti __________ Autriche pour aller __________ Suisse, dans la partie francophone, bien sûr ! Est-ce que vous avez jamais acheté du chocolat suisse ? Il est super, je suis un expert maintenant ! Et le chocolat __________ Suisse est vraiment le meilleur chocolat __________ Europe, je pense. Et __________ France, on produit le meilleur nougat ! Après quatre jours __________ Suisse, j'ai dû rentrer…

Aufgabe 2 Daniela macht ein Praktikum bei einer Firma in Paris. Am ersten Tag kommt sie mit René ins Gespräch, der schon länger in der Firma arbeitet. René interessiert sich sehr für die Nachbarländer Frankreichs.
Ergänze die Lücken oder mache einen Strich, falls nichts eingetragen werden muss.

DANIELA : Bonjour. Je m'appelle Daniela et je viens ______________ Allemagne.

RENÉ : Salut. Je suis René. Tu parles ____________ français ?

DANIELA : Oui, je l'apprends à l'école. ______________ Allemagne, beaucoup d'élèves parlent ____________ français.

RENÉ : ____________ France et ____________ Belgique les élèves parlent plus ____________ anglais et ____________ espagnol.

DANIELA : Oui, il y a quelques différences entre ______________ Allemagne et ____________ France.

RENÉ : L'année dernière, mon ami Sébastien est allé ____________ Allemagne, et il a dit que vous êtes plus grands que nous.

DANIELA : C'est vrai. Mais il y a aussi beaucoup de personnes grandes _______ Angleterre.

RENÉ : Moi, je vais souvent ____________ Pays-Bas, parce que ma tante habite ____________ Pays-Bas.

DANIELA : Et oui, ________________ Pays-Bas sont très beaux. Mais je préfère ____________ Portugal. Il fait souvent beau ______________ Portugal, et ____________ Pays-Bas il pleut souvent.

RENÉ : C'est vrai. Je visite souvent ____________ Espagne, et ____________ Espagne il fait aussi très chaud – et les gens sont très gentils.

DANIELA : Est-ce que tu parles ____________ espagnol ?

RENÉ : Non, mais je parle _________ anglais et _______ français, donc ça va.

2 Der Teilungsartikel – *L'article partitif*

Das Nomen steht im Französischen anders als im Deutschen fast nie alleine. In der Regel wird es von einem **bestimmten Artikel** *(le, la, les, l')* oder von einem **unbestimmten Artikel** *(un, une, des)* begleitet. Bei einem Nomen kann aber auch der **Teilungsartikel** *(du, de la, de l', des)* stehen.

Wann verwendest du den Plural des unbestimmten Artikels?
Den Plural des unbestimmten Artikels *(des)* verwendest du, wenn es um eine unbestimmte Anzahl von zählbaren Dingen geht (z. B. Äpfel, Autos).

Beispiel: Nicole achète des pommes.

Wann verwendest du den Teilungsartikel?
Wenn es um eine **unbestimmte Menge nicht zählbarer Dinge** (z. B. Orangensaft, Brot) oder einen **abstrakten Begriff** (z. B. Sport, Lärm) geht, verwendest du den Teilungsartikel.

Beispiel: Nicole achète du jus d'oranges, de la limonade et de l'eau.
Nicole kauft Orangensaft, Limonade und Wasser.

Beachte:

- Nach *sans* steht kein Artikel.
  Beispiel: Elle arrive sans pommes et sans limonade.
- Nach Verben, die eine Vorliebe oder eine Abneigung ausdrücken – z. B. *aimer, adorer, préférer, détester* –, steht der bestimmte Artikel.
  Beispiel: Nicole aime le jus et la limonade mais elle déteste les pommes.

Wie bildest du den Teilungsartikel?
Der Teilungsartikel wird gebildet mit ***de*** **+ bestimmter Artikel (*le, la, l', les*)**:

de + le = du
de + la = de la
de + l' = de l'

Aufgabe 3 Was kauft Nicole alles ein? Schau dir die Bilder an und verwende den Teilungsartikel.

Nicole achète ...

a) de la limonade

b) ______ jus d'orange

c) ______ coca

d) ______ eau

e) ______ thé

f) ______ pain

g) ______ chocolat

h) ______ confiture

i) ______ café

j) ______ gâteau

Aufgabe 4 Sandrine ist vier Jahre alt. Sie hat beschlossen, *une tarte*, einen leckeren französischen Kuchen, zu backen. Ihre Zutaten sind etwas seltsam.
Setze den richtigen Artikel oder nichts ein.

Sandrine fait un bon gâteau.

a) Elle prend d'abord ________ lait et aussi ________ sucre.

b) Puis elle ajoute ________ œufs – six ou sept.

c) Après elle met ________ crème et ________ limonade. Mmh, c'est bon !

d) Oh,et il faut encore ________ fruits et ________ eau, ________ farine, ________ sel (m., *Salz*) et ________ chocolat.

e) Sandrine aime ________ bonbons. Donc, elle ne veut pas faire son gâteau sans ________ bonbons. Elle préfère ________ bonbons aux fraises (f., *Erdbeeren*), et voilà, avec les bonbons le gâteau est fini. Bon appétit !

Aufgabe 5 Auch in Frankreich feiert man Silvester *(la Saint-Sylvestre)* im Familien- oder Freundeskreis. Danielle und ihr Bruder wollen eine Feier *(une fête)* für ihre Freunde organisieren. Sie überlegen, was sie noch besorgen müssen.
Setze den richtigen Artikel oder nichts ein.

DANIELLE : Luc, est-ce que tu as acheté ___de la___ limonade et ________ coca ? C'est bête, une fête sans ________ coca.

LUC : Oui, oui, c'est fait. Mais il nous faut ________ confiture pour les gâteaux et aussi ________ sucre.

DANIELLE : Non, grand-mère a déjà fait ________ gâteaux – il y a trois tartes aux fruits.

LUC : C'est super. Maman va nous préparer ________ sandwichs, donc il faut acheter ________ pain et ________ beurre. Moi, j'adore ________ sandwichs de maman !

DANIELLE : Moi, je préfère ________ salade. Donc, il faut acheter ________ carottes, ________ riz (m., *Reis*) et ________ tomates pour une bonne salade.

LUC : Et il faut ______________ café. Lucile veut toujours en boire une tasse à dix heures du soir.

DANIELLE : C'est vrai. Et n'oublions pas Dominique. Elle déteste ______________ café, mais elle adore ______________ chocolat. Il faut acheter ______________ chocolat pour elle.

LUC : Oui, au supermarché alors. Et n'oublions pas tout ce qui'il nous faut pour un beau feu d'artifice *(Feuerwerk)* !

3 Pronomen und Begleiter – *Les pronoms et les déterminants*

Pronomen sind Fürwörter, die Nomen ersetzen.
Wenn du also statt

Monique achète une baguette.
Elle achète une baguette.

sagst, dann hast du ein Pronomen verwendet.

Begleiter stehen im Gegensatz zu Pronomen **nie alleine**, sondern immer zusammen mit einem Nomen.

Beispiel: Cette fille a une tante très gentille.

3.1 Die indirekten Objektpronomen – *Les pronom compléments d'objet indirect*

Die indirekten Objektpronomen lauten:
Singular *me, te, lui*
Plural *nous, vous, leur*

Die indirekten Objektpronomen stehen für eine oder mehrere Personen. Das Genus (männlich/weiblich) spielt dabei keine Rolle.

Beachte:
Verwechsle nicht das unveränderliche **Objektpronomen *leur*** mit dem **Possessivbegleiter *leur*/*leurs***, der einen Besitz anzeigt und der sich in Geschlecht und Zahl nach dem folgenden Substantiv richtet. Das Objektpronomen *leur* steht immer vor einem Verb, der Possessivbegleiter *leurs/leurs* immer vor einem Nomen.

Beispiele: Je leur donne un livre. (*leur* = Objektpronomen)
Leur voiture est dans le garage. (*Leur* = Possessivbegleiter)

Wann verwendest du indirekte Objektpronomen?

Das indirekte Objektpronomen **ersetzt einen Ausdruck mit *à***. Merke dir deshalb bei den Verben immer gleich, ob das Objekt mit oder ohne *à* angeschlossen wird.

Beispiele: Paul donne un livre à Nicole. (donner quelque chose à quelqu'un)
Paul lui donne un livre. (wem? → ihr)

Paul donne un livre à Jeanne et Pierre.
Paul leur donne un livre. (wem? → ihnen)

Wo steht das indirekte Objektpronomen im Satz?

Im Satz gelten für die indirekten Objektpronomen die gleichen **Stellungsregeln wie für die direkten Objektpronomen**. Sie stehen

- vor dem konjugierten Verb,
  Beispiel: Elle lui montre la photo.
  Elle lui a montré la photo.
- innerhalb der Verneinungsklammer,
  Beispiel: Elle ne leur donne rien.
- vor dem Infinitiv, zu dem sie gehören.
  Beispiele: Elle va te téléphoner.
  Elle ne va pas vous ouvrir la porte.

Wie unterscheidest du zwischen Subjekt- und Objektpronomen?

Pronomen können verschiedene Positionen im Satz einnehmen. Sie können Subjekt sein und heißen dann **Subjektpronomen**.

Beispiel: Elle mange une pomme.

Sie können Objekt sein und heißen dann **Objektpronomen**. Es gibt direkte und indirekte Objektpronomen. Die direkten Objektpronomen (*me, te, le, la, nous, vous, les*) kennst du ja schon. Direkte und indirekte Objektpronomen unterscheidest du, indem du Fragen stellst.

- Nach dem **direkten Objekt** fragst du meist mit **„wen oder was?"**.
  Beispiel: Nicole mange une pomme. Nicole la mange.
- Nach dem **indirekten Objekt** fragst du meist mit **„wem?"**.
  Beispiel: Pierre donne la pomme à Nicole. Pierre lui donne la pomme.

Aufgabe 6 Nadine schreibt heute einen Test *(un contrôle)*, auf den sie sich gründlich vorbereitet hat.
In folgendem Text findest du hinter einigen unterstrichenen Wörtern eine Lücke. Trage ein, ob es sich um ein direktes oder ein indirektes Objekt oder um einen Possessivbegleiter handelt.

Nadine ne veut pas aller à l'école. Aujourd'hui elle va écrire un contrôle (direktes Objekt). Elle n'aime pas les contrôles (__________), surtout en maths ! Hier elle a beaucoup travaillé, elle a montré tout son travail à son père (__________) et tout était correct.
Nadine entre dans la cuisine et dit à sa mère (__________) :

– Tu me (__________) prépares une baguette (__________) ?
– Oui, bien sûr. Je te (__________) donne aussi une limonade et une banane (__________), c'est bon pour les contrôles. Écoute, ta tante Claudine est tombée et elle ne peut pas marcher. Est-ce que tu peux aller la (__________) voir après l'école ?
– D'accord. Je peux aussi aller à la boulangerie et lui acheter du pain (__________).
– C'est une bonne idée, cela va lui (__________) plaire. Je vais t' (__________) écrire une liste pour la boulangerie.
– D'accord. Je vais la (__________) mettre dans la poche de mon jean.

Deux heures plus tard, Nadine écrit le contrôle (__________). Il n'est pas trop difficile. Le prof leur (__________) a donné les exercices et Nadine mange sa banane (__________) – tout va bien. Les élèves ont déjà écrit beaucoup sur leurs (__________) papiers quand le prof dit à Nadine (__________) :

– Tu as un papier (__________) dans ta poche. Tu le (__________) mets tout de suite sur la table ! Ce sont les solutions des exercices ?
– Mais non, monsieur. C'est une liste pour ma tante qui est malade. Je vous (__________) la (__________) montre !

Aufgabe 7 Jeder Mensch hat andere Vorlieben. Die Tabelle gibt an, wer was gerne tut. Beantworte die Fragen wie im Beispiel. Achte auf das richtige Objektpronomen *(plaire à quelqu'un)*.

	faire la cuisine	travailler	regarder la télé	téléphoner	lire un livre
Nadine	☺	☹	☺	☺	☹
Luc et Janine	☹	☹	☹	☺	☺
M. Laubier	☹	☺	☹	☹	☺
Sébastien	☹	☹	☺	☺	☹
Sandrine et Fabien	☺	☺	☹	☹	☺
Maman	☺	☹	☺	☺	☹

a) Faire la cuisine, ça te plaît, Nadine ? – *Oui, ça me plaît.*

b) Regarder la télé, ça te plaît, maman ? – ____________________

c) Travailler, ça vous plaît, Sandrine et Fabien ? – ____________________

d) Regarder la télé, ça vous plaît, Luc et Janine ? – ____________________

e) Lire un livre, ça te plaît, Sébastien ? – ____________________

f) Regarder la télé, ça plaît à Sébastien ? – ____________________

g) Faire la cuisine, ça plaît à maman ? – ____________________

h) Lire un livre, ça plaît à maman ? – ____________________

i) Téléphoner, ça plaît à M. Laubier ? – ____________________

j) Travailler, ça plaît à Luc et Janine ? – ____________________

Nun bilde selbst einige Fragen und Antworten zu der Tabelle.

k) ____________________?

____________________.

l) ____________________?

____________________.

m) ____________________?

____________________.

Aufgabe 8 Anne hat Besuch von Michel, einem Jungen aus ihrer Klasse. Ihre Mutter ist furchtbar neugierig, schaut dauernd in ihr Zimmer und stellt lästige Fragen. Ergänze die indirekten Objektpronomen.

MÈRE : Ah, tu montres des photos à Michel.

ANNE : Oui, je _lui_______ montre des photos.

MÈRE : Vous écrivez une lettre à votre prof ?

ANNE : Non, nous ne __________ écrivons pas de lettre. Nous faisons les devoirs.

MÈRE : Et tu expliques les devoirs à Michel ?

ANNE : Oui, je __________ explique les devoirs de français.

MÈRE : Je peux __________ apporter du gâteau, Anne et Michel ?

ANNE : Oui, tu peux __________ apporter du gâteau, merci.

MÈRE : Anne, tu veux de la limonade ?

ANNE : Oui, tu peux __________ donner un verre, s'il te plaît.

MÈRE : Michel, tu n'aimes pas la limonade, donc je peux __________ offrir un coca.

MICHEL : Oui, merci.

MÈRE : Anne, c'est l'anniversaire de tante Irène et de tante Sophie la semaine prochaine. Tu vas __________ écrire une lettre ?

ANNE : Oui, maman.

MÈRE : Et dis à ton père qu'il faut téléphoner aux tantes.

ANNE : Oui, je vais __________ dire qu'il faut __________ téléphoner. Mais écoute, maman, nous partons maintenant. Nous ne pouvons pas travailler comme cela. Tu __________ parles tout le temps et cela nous dérange !

Aufgabe 9 Schau dir die folgenden Bilder an, auf denen sich Menschen gegenseitig helfen. Bilde dann mithilfe der Stichwörter einen Satz und verwende dabei ein indirektes Objektpronomen.

a) 

ouvrir/porte

Attendez, je vous ouvre la porte.

b) 

montrer/ville

Je ______________________________

c) 

écrire/liste

Je ______________________________

d) 

faire/thé !

Je ______________________________

e)

demander/renseignement

Je ______________________________

f)

recommander *(empfehlen)*/ce livre

Qu'est-ce que j'achète ? – Le vendeur

____

g)

donner/bonbons

La voisine ______________________________

____

h)

offrir/glace

L'enfant a oublié son argent. Le vendeur ________

____

i)

dire/qu'il faut arrêter/musique

Je vais ______________________________

____

Aufgabe 10 Tamara und Stefan nehmen an einem Austausch mit französischen Jugendlichen teil. Sie sind nun bei ihren Partnern Antoine und Fabienne in Frankreich. Ergänze die Sätze mit *leur* oder *leurs.*

Tamara et Stefan sont chez ____________ amis Antoine et Fabienne en France. Fabienne et sa mère mettent la table.

FABIENNE : Maman, Tamara et Stefan ont oublié ___________ pyjamas. Tu peux ___________ donner un pyjama de papa ?

MAMAN : Oui, d'accord. Et il faut que tu ______________ racontes aussi que les lits en France ne sont pas comme ___________ lits en Allemagne.

FABIENNE : Oui, oui. Ils ont déjà mis ____________ valises sur les lits, donc ils le savent. Où est-ce qu'ils peuvent mettre ___________ vêtements ?

MAMAN : Tu as une armoire vide dans ta chambre, non ? Donc, tu peux _______ offrir cette armoire. Ils peuvent mettre toutes ___________ affaires là dedans. Qu'est-ce que vous faites ce soir ?

FABIENNE : Je ___________ montre la ville. Après on va chez grand-père. Il veut ___________ parler. J'espère qu'il ne va pas raconter des histoires de guerre *(Krieg).*

MAMAN : Mais non. Il va _____________ offrir un apéritif, c'est tout. D'ailleurs, ils ne veulent pas téléphoner et parler à __________ parents pour dire qu'ils sont bien arrivés ?

FABIENNE : Oh, ils __________ ont déjà téléphoné.

MAMAN : C'est bien. Oh, il est déjà deux heures. Tu __________ dis que le repas est prêt, s'il te plaît. Ils peuvent ranger ___________ affaires après.

FABIENNE : D'accord.

Wie schreibst du eine E-Mail oder einen Brief?

- Wie schreibst du **Ort und Datum** im Brief?
  Beispiele: Heidelberg, le 1er janvier 2014
  Duisburg, le 2 février 2014

  Beim ersten eines Monats verwendet man die Ordnungszahl (*le 1er janvier*). Ab dem zweiten eines Monats schreibt man nur noch die Zahl (*le 2 février*).
  Die restlichen Monate lauten: *mars, avril, mai, juin, juillet, août, septembre, octobre, novembre, décembre.*

- Wie formulierst du die **Anrede?**
  Beispiele: Ma chère Marie, Chère Marie,
  Mon cher Hugo, Cher Hugo,
  Chers tous,

- Welche nützliche **Redewendungen** gibt es?
  Beispiele: Merci pour ta lettre.
  Danke für deinen Brief.

  Comment ça va ? Moi, je vais très bien. / Moi, ça va très bien.
  Wie geht es dir? Mir geht es sehr gut.

  Est-ce que tes parents vont bien ? Mes parents ne vont pas bien parce que…
  Geht es deinen Eltern gut? Meinen Eltern geht es nicht gut, weil …

  Voilà pour aujourd'hui. / C'est tout pour aujourd'hui.
  So viel für heute. / Das ist alles für heute.

  J'attends ta réponse.
  Ich warte auf deine Antwort.

  Donne le bonjour à tes parents.
  Grüße deine Eltern von mir.

  Tu as le bonjour de mes parents.
  (Viele) Grüße von meinen Eltern.

- Wie **verabschiedest** du dich?
  Beispiele: À bientôt, Bises,
  Amicalement, Je t'embrasse,
  Avec toute mon amitié,

  Im Anschluss an die Verabschiedungsformel folgt dein Name.

Aufgabe 11 Tamara schreibt am ersten Abend des Austauschs eine E-Mail an ihre Eltern. Da diese Französisch sprechen und sie etwas dazulernen möchte, schreibt sie auf Französisch und erzählt vom ersten Tag.
Schau dir Aufgabe 10 nochmals an. Was könnte Tamara schreiben? Du kannst auch etwas hinzuerfinden. Schreibe ca. 100–120 Wörter.

3.2 Die Pronomen *en* und *y* – *Les pronoms* en *et* y

Wann verwendest du *en?*

Das Pronomen *en* vertritt Ergänzungen mit *de* (auch mit *de* in den zusammengesetzten Formen *du* = *de* + *le*, *des* = *de* + *les*).

- ***en*** kann in den meisten Fällen **wörtlich** mit **„davon"** oder **„von dort"** übersetzt werden.
  Beispiele: Tu prends du gâteau ? – Oui, j'en prends.
  Tu bois de la limonade ? – Oui, j'en bois.
  Tu achètes des fruits ? – Oui, j'en achète.
  Tu viens de Paris ? – Oui, j'en viens.
- Bei **Ergänzungen**, die **aus Zahlwort und Nomen** (z. B. *deux bouteilles*) bestehen, vertritt *en* nur das Nomen. Das Zahlwort wird wieder aufgegriffen oder durch eine andere Mengenangabe ersetzt.
  Beispiele: Tu achètes deux bouteilles de coca ? – Oui, j'en achète deux.
  Tu achètes un CD de Khaled ? – Non, j'en achète trois.
- Bei **Ergänzungen**, die **aus Mengenwort und Nomen** (z. B. *assez de*, *beaucoup de*) bestehen, vertritt *en de* und das Nomen. Das Mengenwort wird auch hier wieder aufgegriffen oder durch eine andere Mengenangabe ersetzt.
  Beispiele: Tu as acheté assez de salade ? – Oui, j'en ai acheté assez.

Wann verwendest du *y?*

- Das Pronomen **y vertritt Nomen, die als Ortsbestimmung durch Präpositionen** (z. B. *à, chez, dans, en, sur, sous, devant, derrière, jusqu'à*) **eingeleitet werden.**
  Beispiele: Tu vas à Paris ? – Oui, j'y vais.
  Nicole est dans un café. Elle y attend Florian.
- Das Pronomen **y vertritt Ergänzungen mit *à***, wenn es sich um Dinge handelt. Handelt es sich um Personen, stehen die indirekten Objektpronomen.
  Beispiele: Quand tu vas au supermarché, pense aux oranges. – Oui, j'y pense.
  aber: Tu écris à ta tante ? – Oui, je lui écris.

Wo stehen *en* und y im Satz?

Es gelten die gleichen **Stellungsregeln wie für die Objektpronomen.** *En* und *y* stehen:

- vor dem konjugierten Verb
  Beispiele: J'y vais maintenant. / J'en achète.
- innerhalb der Verneinungsklammer
  Beispiele: Je n'y vais pas. / Je n'en achète pas.
- vor dem Infinitiv, auf den sie sich beziehen
  Beispiele: Je vais y aller demain. / Je ne vais pas en acheter.

Enthält ein Satz *en* und *y*, so kommt *y* vor *en* (*y* + *en* + Verb).

Beispiel: Il y a des pommes ? – Oui, il y en a.

ufgabe 12 Marcel aus Dijon geht auf Klassenfahrt nach Heidelberg. Seine Mutter ist besorgt, ob er auch alles in seinen Koffer packt.
Ergänze die Sätze mit *en* + konjugierte Form von *prendre*.

MAMAN : Tu prends un anorak ?

MARCEL : Oui, j'en prends un.

MAMAN : Tu prends aussi une chemise.

MARCEL : Non, je n'________________ pas, je prends seulement des t-shirts.

MAMAN : Tu prends des livres ?

MARCEL : Oui, j'________________ un, c'est assez.

MAMAN : Tu veux de la limonade pour le voyage ?

MARCEL : Non, je ________________ pas. Je prends du coca.

MAMAN : D'accord. Et prends aussi des sandwichs.

MARCEL : Oui, j'________________ deux. Et du chocolat.

MAMAN : Du chocolat ! ________________ pas ! C'est trop sucré *(süß)* !

MARCEL : Mais non. Et j'________________ seulement un tout petit peu.

ufgabe 13 Marcel aus Dijon soll einige Dinge erledigen, aber tatsächlich tut er manchmal etwas anderes.
Ergänze die Sätze mit *y* + konjugiertem Verb. Verneine den Satz, falls notwendig.

a) Marcel va à la pharmacie. – Non, il n'y va pas. Il va chez le fleuriste.
b) Marcel achète des médicaments chez le fleuriste. – Non, il ________________ de médicaments. Il achète des fleurs pour Jana.
c) Marcel pense au sirop contre la toux *(Hustensaft)*. – Non, il ________________ pas. Il pense à Jana.
d) Marcel entre dans un magasin de CD. – Oui, il ________________.
e) Marcel achète un CD dans le magasin. – Oui, il ________________ un CD.
f) Marcel va à la maison de Fabian. – Non, il ________________. Il va à la maison de Jana.
g) Marcel est dans la maison de Jana. – Oui, il ________________. Enfin il peut voir sa belle Jana.

Aufgabe 14 Mme Laroche schickt Nadine nach dem Essen in die Stadt zum Einkaufen. Weil ihre Mutter beim Essen sehr verärgert war, ist Nadine jetzt sehr brav und versichert, alle Aufträge auszuführen.
Ergänze die Sätze mit *en* oder *y* und einem passenden konjugierten Verb.

MME LAROCHE : Tu vas d'abord à la banque.

NADINE : Oui, j'___y vais___.

MME LAROCHE : Après, tu achètes des oranges au marché.

NADINE : Oui, j'___en achète___.

MME LAROCHE : Et tu achètes aussi des pommes de terre.

NADINE : Oui, j'______________.

MME LAROCHE : Puis tu attends grand-mère dans le café.

NADINE : Oui, j'______________ grand-mère.

MME LAROCHE : Ensuite, tu accompagnes *(begleiten)* grand-mère à la maison.

NADINE : Oui, j'______________ grand-mère.

MME LAROCHE : Après, tu vas à la poste.

NADINE : Oui, j'______________.

MME LAROCHE : Tu ______________ dix timbres.

NADINE : Oui, j'______________ dix.

MME LAROCHE : Tu achètes aussi deux enveloppes *(Umschläge)*.

NADINE : D'accord, j'______________ deux.

MME LAROCHE : Ensuite, tu vas au supermarché.

NADINE : Oui, j'______________.

MME LAROCHE : Tu achètes un kilo de café.

NADINE : Oui, j'______________ un kilo, j'ai compris.

MME LAROCHE : Et n'oublie pas le vin. Tu ______________ achètes deux bouteilles, d'accord ?

NADINE : D'accord. Et le lait ? J'______________ aussi ?

MME LAROCHE : C'est une bonne idée. Tu ______________ deux litres. Tu peux acheter tout cela au supermarché.

NADINE : Oui maman. C'est vraiment beaucoup à acheter !

MME LAROCHE : Et finalement, tu achètes une grande glace.

Nadine : Oh, merci, j'______________, bien sûr.

Aufgabe 15 Die Familie Dupont ist beim Abendessen, der Hauptmahlzeit der Familie. Sie unterhalten sich. Setze *en* oder *y* ein.

MME DUPONT : Tu veux encore un peu de soupe, chéri ?

M. DUPONT : Oui, j'________ prends encore un peu. Où est la baguette ?

JEANNE : À la cuisine. J'________ vais pour la chercher. J'________ veux aussi.

MME DUPONT : La baguette est dans le sac !

JEANNE : D'accord. J'________ regarde.

MME DUPONT : À la cuisine il y a aussi les tomates. Tu ________ veux ?

JEANNE : Non, merci. Mais Bastien ____________ mange normalement, donc j'________ apporte deux. Où sont les tomates ?

MME DUPONT : Mais regarde. Elles sont aussi dans le sac.

JEANNE : Oui, oui. J' ________ regarde. Ah, les voilà.

Jeanne revient de la cuisine.

BASTIEN : Apporte aussi le fromage. J' ________ veux ce soir.

JEANNE : Il est dans la cuisine. Tu ________ vas maintenant !

BASTIEN : Toujours moi. Vous aimez aussi le fromage.

MME DUPONT : Bastien, tu veux ________ manger, alors tu vas le chercher !

BASTIEN : Ce n'est pas juste. C'est toujours moi.

MME DUPONT : Bastien, tu prends encore de la salade ?

BASTIEN : Ah oui, j'________ mange encore. Elle est bonne.

JEANNE : Mais ne mange pas tout. J'________ veux aussi !

M. DUPONT : Arrêtez ! Il y ________ a pour tout le monde.

JEANNE : Normalement Bastien met sa fourchette dans le saladier *(Salatschüssel)*…

BASTIEN : Je n'__________ mets jamais ma fourchette !

MME DUPONT : Fini la discussion ou vous allez dans vos chambres !

BASTIEN : Je n'____________ vais pas, c'est Jeanne qui a des problèmes avec la salade.

M. DUPONT : Fini. Vous allez tous les deux dans vos chambres et vous ________ revenez quand maman et moi nous avons fini notre salade.

3.3 Die unverbundenen Personalpronomen – *Les pronoms personnels disjoints*

Die Formen der unverbundenen Personalpronomen lauten:

Singular *moi, toi, lui/elle*
Plural *nous, vous, eux/elles*

Wann verwendest du die unverbundenen Pronomen?

Du verwendest die unverbundenen Pronomen

- in verkürzten Sätzen ohne Verb.
  Beispiel: Qui veut une pomme ? – Moi, bien sûr.
- nach Präpositionen.
  Beispiel: Voilà Marc et Isabelle. Je vais à la piscine avec eux.
- zusammen mit verbundenen Personalpronomen, um diese zu betonen – besonders wenn du einen Gegensatz ausdrücken willst.
  Beispiel: Luc reste à la maison. Moi, je vais à la piscine.
- nach *c'est/ce sont*.
  Beispiel: Qui est là ? – C'est moi.

Aufgabe 16 Fabien und Céline schreiben sich im Unterricht Briefchen.
Ergänze die unverbundenen Personalpronomen.

a) Céline, je ne peux pas vivre sans __________.

b) Tu ne peux pas vivre sans __________ ? Et Christine ? Tu peux vivre sans __________ ? Et Sandrine et Matilde ?

c) C'est fini avec __________.

d) Mais Laurent et Bastien, __________, ils t'ont vu avec une fille blonde.

e) Je vais souvent au cinéma avec ma sœur. C'est ______ qui est blonde. Tu vas à la piscine avec ______ cet après-midi ?

f) D'accord. Nadine et Simone, ______, y vont aussi. Tu peux venir avec ______.

g) Mais je veux y aller seulement avec ______.

h) Peut-être demain. Je pense à ______.

fgabe 17 Vielleicht kennst du die Geschichten vom *Petit Nicolas*, einem Schuljungen, der viel anstellt und auch ganz gerne mal angibt. Hier unterhält er sich mit seinen Freunden.
Setze die passenden unverbundenen Pronomen ein.

NICOLAS : ______________, j'ai une tante qui habite en Amérique. Je m'entends *(sich verstehen)* très bien avec ______________. Elle envoie souvent de super grands cadeaux, seulement pour ______________.

CLOTAIRE : Phh, ______________, nous avons un oncle qui habite en Australie. ________________, il nous envoie 1 000 euros chaque semaine. Et quand il vient en France, je vais dans un restaurant très chic avec ______________.

JOACHIM : __________, tu as peut-être une tante en Amérique, mais ________, j'ai un oncle qui est une superstar ! Et ma tante aussi ! Avec ________, je vais au Disneyland à Paris chaque année.

ALCESTE : Et alors ? Mon papa, ______________, il est dans la police, et il arrête *(festnehmen)* tous les criminels de la France !

AGNAN : Oh, ______________, vous mentez *(lügen)*. Mais ______________, je suis bon en maths et en astronomie, et un jour je vais aller sur la planète Mars ! Et les gens sur cette planète sont gentils. ______________, ils ne se moquent pas de moi comme ______________.

Aufgabe 18* **Knobelaufgabe:** Wenn du die Abschnitte 3.1 bis 3.3 durchgearbeitet hast, dann dürftest du die Lösungen leicht finden.
Dominique ist ganz aufgeregt. Ihre Mutter will mit ihr in die Stadt gehen. Sie stellt der etwas entnervten Mutter tausend Fragen.
Vervollständige die Sätze mit dem richtigen Pronomen.

a) Nous allons en ville ? – Oui, on __________ va.
b) Tu portes le sac, maman ? – Oui, je __________ porte.
c) On rend visite aussi à l'oncle Martin ? – Oui, on __________ rend visite.
d) Qu'est-ce qu'on achète pour papa ? – On __________ achète un CD.
e) Et pour grand-mère et grand-père ? – On __________ achète quelques bonbons.
f) Mmh, je peux aussi avoir des bonbons? – Non, tu ne peux pas __________ avoir. Tu __________ manges déjà trop !

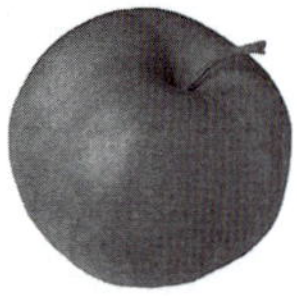

g) Mais tu m'achètes une pomme alors ? – Oui, je t'__________ achète une.
h) Est-ce que nous allons aussi à la poste ? – Non, on n' __________ va pas. Pourquoi ?
i) Je veux envoyer une lettre à Monique. J'ai une lettre pour __________. – D'accord. On va alors à la poste.

j) Je peux aller au supermarché avec Violette ? – D'accord. Je __________ écris une liste.
k) Je vais acheter un CD pour Marc. Je veux __________ offrir le CD pour son anniversaire. – C'est une bonne idée.
l) On a encore des baguettes ? – Il n'y __________ a plus. On va à la boulangerie pour __________ acheter deux.
m) Pense aussi au fromage ! – Oui, oui, j' __________ pense.

n) Et n'oublions pas les gâteaux. – Ah, on ne va sûrement pas __________ oublier.
o) Tu prends aussi une tarte *(französischer Kuchen)* ? – Non, je n'__________ prends pas. Il y __________ a encore une au frigo *(Kühlschrank)*.
p) Oh, mais il n'__________ en a plus ! Papa __________ a mangé ! – Bon, alors on achète une tarte aux fraises *(Erdbeeren)*. Papa ne __________ aime pas !

3.4 Die Objektpronomen beim Imperativ
Les pronoms complément d'objet avec l'impératif

Natürlich kannst du die Objektronomen auch beim Imperativ verwenden (zu den Imperativformen des Verbs siehe S. 51 f.).

Wie verwendest du Objektpronomen beim Imperativ?

- Beim **bejahten Imperativ** stehen die **Objektpronomen hinter dem Verb** und werden mit einem Bindestrich angeschlossen.
  Beachte: Statt *me* und *te* werden *moi* und *toi* verwendet.

Beispiele:	*direkt*	*indirekt*
	Regarde-moi.	Donne-moi le livre.
	Regarde-toi.	Demande-toi si c'est correct.
	Cherchez-le/la.	Achète-lui un cadeau.
	Levons-nous.	Donnez-nous l'argent.
	Levez-vous.	Achetez-vous une glace.
	Prends-les.	Ouvre-leur la porte.

- Beim **verneinten Imperativ** stehen die **Pronomen** wie im Aussagesatz, also **vor dem Verb**.
  Beachte: Hier werden die Formen *me* und *te* **nicht** ersetzt.

Beispiele:	*direkt*	*indirekt*
	Ne me regarde pas.	Ne me donne pas l'argent.
	Ne te regarde pas.	Ne t'achète pas les vêtements chers.
	Ne le/la cherche pas.	Ne lui donne pas le bonbon.
	Ne nous levons pas.	Ne nous donnez pas l'argent.
	Ne vous levez pas.	Ne vous achetez pas de glace.
	Ne les cherchez pas.	Ne leur ouvre pas la porte.

Aufgabe 19 Cathy ist bei ihrer Tante zu Besuch, denn ihre Eltern unternehmen eine Studienreise. Sie fühlt sich nicht besonders wohl, weil die Tante ihr ständig Anweisungen gibt, was sie machen soll und was nicht.
Bringe die Satzteile in die richtige Reihenfolge. Setze die Ort- und Zeitangaben immer ans Ende.

a) -moi/la porte/ouvre/s'il te plaît

____

b) pas/ne/après/huit heures/lève/te

____

c) Ton oncle a faim. -lui/ce/sandwich/apporte

____

d) Ah, voilà ton amie Sandrine. du gâteau/-lui/offre/et quelque chose à boire

____

e) La musique est terrible ! dans/pas/ne/la cuisine/écoutez/l'

____

f) Tu as parlé à tes parents ? -leur/ce soir/téléphone

____

g) Tu as écrit une lettre à tante Marianne ? -lui/après/écris/le repas

____

h) Il me faut une baguette. -la/chez le boulanger Divine/achète

____

i) pas/l'/achète/au supermarché/ne

____

j) Tu vas dormir dans la tente *(Zelt)* avec Sandrine ? vous/ne/pas/trop tard/couchez

____

k) C'est une bande dessinée, ça ? à ton oncle/-la/donne/et lis un livre

____

Aufgabe 20 Aisha hat sich das Bein gebrochen und liegt im Bett. Sie kann sich kaum rühren. Ihr Bruder Serge muss ihr helfen.
Um was bittet Aisha ihren Bruder? Ergänze die Lücken mit den Verben in Klammern im Imperativ und einem Pronomen.

a) J'aimerais lire. ____________________ (donner) le livre, s'il te plaît.
b) Non, pas *Astérix et Obélix*. ____________________ (ne pas donner) une bande dessinée mais un livre.
c) J'ai soif. ____________________ (apporter) une limonade, s'il te plaît.
d) Non, je n'aime pas le coca. ____________________ (ne pas apporter) de coca !
e) Je ne sais pas quoi faire. Je veux parler à Elodie et Karima. ______________ (téléphoner), s'il te plaît.

f) Elodie et Karima vont bientôt arriver. ________________ (offrir) des bonbons et du chocolat.

g) Oh, il y a des vêtements sur la chaise. ________________ (mettre) dans la salle de bains, s'il te plaît.

h) Regarde, le chat est parti. ________________ (chercher), s'il te plaît.

i) Ah, tu as trouvé le chat ! Il est parti par la fenêtre. ________________ (fermer) s'il te plaît.

j) J'aimerais aller dans la salle de bains. ________________ (aider), s'il te plaît.

k) Je ne peux pas ouvrir la bouteille de shampooing *(Shampoo)*. ________________ (ouvrir) pour moi, s'il te plaît.

l) Non, je ne veux pas me laver les dents *(Zahn)*. ________________ (ne pas ouvrir) le dentifrice *(Zahnpasta)*, mais le shampooing !

m) Salut Elodie et Karima. ________________ (se mettre) sur mon lit.

n) Oh, le prof vous a donné les contrôles *(Klassenarbeit)* ? ________________ (lire) ce que le prof a écrit sous mon contrôle.

o) Elodie et Karima, ________________ (ne pas se mettre) sur ma jambe.

p) ________________ (se lever), s'il vous plaît, ça me fait mal.

q) Serge, voilà des bonbons. ________________ (offrir) aux filles, s'il te plaît.

r) ________________ (se promener), je vais lire un peu.

s) ________________ (s'amuser), j'ai un livre et un journal pour lire un peu.

3.5 Der Demonstrativbegleiter: *ce, cet, cette, ces – Le déterminant démonstratif*

Wann verwendest du die Demonstrativbegleiter?
Die Demonstrativbegleiter *ce, cet, cette, ces* verwendest du, um auf bestimmte Dinge oder Personen hinzuweisen.
Beispiele: ce monsieur, cette dame

Welche Formen hat der Demonstrativbegleiter?
Der **Demonstrativbegleiter richtet sich in seiner Form nach dem Nomen**, bei dem er steht. Es gibt folgende Formen:

- ***ce*** begleitet maskuline Nomen im Singular, die mit einem Konsonanten beginnen.
  Beispiel: Ce garçon est gentil.
- ***cet*** begleitet maskuline Nomen im Singular, die mit einem Vokal oder einem stummen *h* beginnen.
  Beispiele: Cet animal est gentil.
  Cet homme s'appelle Jean.
- ***cette*** begleitet feminine Nomen im Singular.
  Beispiel: Cette fille est ma cousine.
- ***ces*** steht vor maskulinen und femininen Nomen im Plural.
  Beispiel: Ces voitures sont françaises.

Du kannst Demonstrativbegleiter noch verstärken, indem du ***-là*** an das Nomen anhängst.
Beispiel: Cette fille-là est ma cousine.
Dieses Mädchen da ist meine Cousine.

Aufgabe 21 Ergänze die Nomen durch Demonstrativbegleiter.

a) _____ maison
b) _____ artichaut
c) _____ histoire
d) _____ hôtel
e) _____ voitures
f) _____ coca
g) _____ arbre
h) _____ limonade
i) _____ chambre
j) _____ promenades
k) _____ ballons
l) _____ pommes
m) _____ année
n) _____ club
o) _____ boulangerie
p) _____ chien
q) _____ usine
r) _____ enfant
s) _____ copine
t) _____ copain

ufgabe 22 Valérie und Christine sind beim Einkaufen. Ergänze ihr Gespräch durch die fehlenden Demonstrativbegleiter *ce, cet, cette, ces.*

VALÉRIE : Oh, regarde ______________ pantalon-là. Tu l'aimes ?

CHRISTINE : Non, pas vraiment. Je n'aime pas __________ couleur. __________ bleu (m.) ne me plaît pas.

VALÉRIE : C'est l'anniversaire de mon père demain et je cherche un cadeau pour lui. Il coûte combien, ______________ pull-là ?

CHRISTINE : Il est trop cher. Regarde ____________ chemise verte, elle est moins chère.

VALÉRIE : Papa n'aime pas ___________ chemises modernes. Mais ___________ blouson-là, il est joli.

CHRISTINE : Valérie ! _______________ blousons, ils sont pour les jeunes et non pas pour un homme de 45 ans !

VALÉRIE : Tu trouves ? Oui, peut-être. Bon, je vais lui acheter un CD. Tu penses que papa aime _______________ CD ?

CHRISTINE : Un groupe de rock ? Je ne sais pas si ton père aime ______________ musique. Il ne préfère pas la musique classique ?

VALÉRIE : Si. Mais il va peut-être aller à ______________ concert de rock à Paris avec moi s'il aime le CD.

CHRISTINE : Tu es optimiste. Mais ________________ idée, elle est bonne. Il faut éduquer *(erziehen)* les parents !

4 Das Adjektiv – *L'adjectif*

Welche Aufgabe hat das Adjektiv?

Das Adjektiv bestimmt ein Nomen näher und gleicht sich in Genus (Maskulinum oder Femininum) und Numerus (Singular oder Plural) an dieses Nomen an, ganz gleich ob es vor oder nach dem Nomen steht oder ob es durch *être* vom Nomen getrennt ist.

Beispiele: une fille intéressante — *aber:* un garçon intéressant
La fille est intéressante. — *aber:* Le garçon est intéressant.

Wie bildest du die verschiedenen Formen des Adjektivs?

Um die feminine Form des Adjektivs zu bilden, fügt man im Singular meist ein *-e* und im Plural meist *-es* an die maskuline Form des Adjektivs an:

		Maskulinum	*Femininum*
Beispiele:	*Singular*	intéressant [ɑ̃]	intéressante [ɑ̃t]
	Plural	intéressants [ɑ̃]	intéressantes [ɑ̃t]
	Singular	petit [i]	petite [it]
	Plural	petits [i]	petites [it]

Normalerweise unterscheiden sich maskuline und feminine Adjektive in der Aussprache der Endung. Bei manchen Adjektiven gibt es nur in der Schreibung einen Unterschied, die Lautung ist gleich.

	Singular	*Plural*
Beispiele:	un garçon gai [gɛ],	des garçons gais [gɛ],
	une fille gaie [gɛ],	des filles gaies [gɛ]
	un cahier bleu [blø],	des cahiers bleus [blø],
	une voiture bleue [blø],	des voitures bleues [blø]

Wo steht das Adjektiv im Satz?

Adjektive können vor oder nach den Nomen stehen, die sie beschreiben. Man kann sich die Stellung aber nicht frei aussuchen.

- **Vor dem Nomen stehen in der Regel häufig gebrauchte kürzere Adjektive** – beispielsweise die dir schon bekannten Adjektive *petit, grand, joli, jeune, cher, bon, mauvais, beau, nouveau.*
  Beispiele: une grande ville
  une belle femme
- **Nach dem Nomen stehen eher längere Adjektive** sowie **Farbadjektive** *(bleu, rouge)* und Adjektive, die **Nationalitäten** bezeichnen *(français, allemand).*
  Beispiele: une voiture allemande
  une maison rouge

Aufgabe 23 Es ist große Pause. Léonie und Sandrine sind auf dem Schulhof. Sie sitzen auf einem Mäuerchen, um alles besser sehen zu können und beobachten die anderen Schüler. Natürlich wird alles begutachtet und kommentiert.
Setze die Adjektive in Klammern vor oder hinter das Nomen. Vergiss nicht, sie in Genus und Numerus anzugleichen.

LÉONIE : Regarde, voilà Simon. C'est un ____________ garçon *intéressant* (intéressant).

SANDRINE : Tu trouves ? Mais il est trop petit ! Moi, je préfère les ____________ garçons ____________ (grand).

LÉONIE : Il a 18 ans. Il a une voiture, une ____________ voiture ____________ (beau, rouge).

SANDRINE : Et alors ? Luc a une ____________ moto ____________ (vert, joli).

LÉONIE : C'est vrai. Est-ce que tu as vu son ____________ chien ____________ (petit) ? Il l'a acheté en Allemagne, donc c'est un ____________ chien ____________ (allemand).

SANDRINE : C'est drôle. Lucile, elle a un ____________ perroquet ____________ (italien) qui parle beaucoup – mais il ne parle pas français !

LÉONIE : Tiens, voilà le ____________ prof ____________ (nouveau). Oh, c'est un ____________ prof ____________ (beau) !

SANDRINE : Et c'est aussi un ____________ prof ____________ (vieux). Il a au moins 40 ans !

LÉONIE : Tu penses ? Oui, peut-être. Et qu'est-ce qu'il fait avec ces ____________ cahiers ____________ (bleu) ? Il nous apporte un contrôle ?

SANDRINE : Mais non. C'est un cahier normal. Regarde, Julie le regarde avec ses ____________ yeux ____________ (grand, bleu). Elle a peur des contrôles.

LÉONIE : Tiens, voilà le ____________ assistant ____________ (jeune, allemand), Thomas. C'est un ____________ homme ____________ (intéressant) (jeune). Et il a une ____________ petite amie ____________ (joli) qui s'appelle Theresa. Elle est Allemande aussi.

Aufgabe 24 Du bist auf einem Markt in Lyon. Dort gibt es viel zu sehen. Was siehst du?

a) une ______________ voiture ______________ (bleu)
b) une ______________ femme ______________ (joli)
c) une ______________ maison ______________ (intéressant)
d) un ______________ groupe ______________ (allemand)
e) une ______________ fille ______________ (petit)
f) des ______________ citrons ______________ (jaune)
g) des ______________ pommes ______________ (vert)
h) un ______________ chien ______________ (petit)
i) une ______________ souris ______________ (grand)
j) des ______________ fruits ______________ (intéressant)

4.1 Die unregelmäßigen Adjektive – *Les adjectifs irréguliers*

Was ist bei den unregelmäßigen Adjektiven zu beachten?
Die Formen der unregelmäßigen Adjektive solltest du lernen, da du sie nicht durch Anhängen von *-e*/*-es* von der maskulinen Form Singular ableiten kannst.

- Es gibt Adjektive, die **in Maskulinum und Femininum die gleiche Form** haben. Dies ist häufig bei Adjektiven so, die auf *-e* enden, wie etwa *jeune, modeste, rapide, rouge, sale.*

	Singular	*Plural*
Beispiele:	un jeune [ʒœn] garçon,	des jeunes [ʒœn] garçons
	une jeune [ʒœn] fille,	des jeunes [ʒœn] filles

- Andere Adjektive **unterscheiden sich zwischen Maskulinum und Femininum im Schriftbild**, wenn auch nicht in der Lautung:

	Singular	*Plural*
Beispiel:	un pantalon cher [ʃɛʀ],	des pantalons chers [ʃɛʀ]
	une jupe chère [ʃɛʀ],	des jupes chères [ʃɛʀ]

- Weiter gibt es **Adjektive, die sich in Lautung und Schreibung zwischen Maskulinum und Feminium unterscheiden**, so wie bei vielen regelmäßigen Adjektiven, z. B. *petit(e)*.

	Singular	*Plural*
Beispiele:	un cahier violet [ɛ],	des cahiers violets [ɛ]
	une chemise violette [ɛt],	des chemises violettes [ɛt]
	un fauteuil blanc [ɑ̃],	des fauteuils blancs [ɑ̃]
	une maison blanche [ɑ̃ʃ],	des maisons blanches [ɑ̃ʃ]
	un perroquet gentil [i],	des perroquets gentils [i]
	une fille gentille [ij],	des filles gentilles [ij]
	un garçon heureux [ø],	des garçons heureux [ø]
	une souris heureuse [øz],	des souris heureuses [øz]

Einige dieser **Adjektive enden im Maskulinum Singular auf *-s* oder *-x*.** Im Maskulinum Plural fügt man ihnen deshalb kein *-s* an, wohl aber im Femininum Plural.

	Singular	*Plural*
Beispiel:	un chat gris [gʀi],	des chats gris [gʀi]
	une moto grise [gʀiz],	des motos grises [gʀiz]

- Beachte folgende **Sonderformen**, die im Maskulinum Singular eine besondere Form haben, wenn das folgende Nomen mit Vokal oder stummem *h* beginnt:

Maskulinum vor Nomen, das mit Konsonant beginnt	**Maskulinum vor Nomen, das mit Vokal beginnt**	**Femininum**
un beau chien	un bel animal	une belle chatte
un nouveau livre	un nouvel exercice	une nouvelle église
un vieux canapé	un vieil animal	une vieille chaise

Im Plural haben diese Adjektive nur je eine maskuline und eine feminine Form: *beaux/belles, vieux/vieilles, nouveaux/nouvelles*

- Schließlich gibt es einige wenige unveränderliche Adjektive. Hierzu gehören *orange, marron, super, extra.*

  Beispiele: un pantalon orange — une chemise orange
  des pantalons orange — des chemises orange

Aufgabe 25 Fabienne ist zu Besuch bei ihrer Tante in Dijon. Als sie ihren Koffer öffnet, ist die Tante erstaunt, wie viele Dinge Fabienne für die eine Woche Besuch mitgebracht hat. Vervollständige die Liste der mitgebrachten Sachen indem du die Adjektive angleichst. Ergänze unter *q* bis *u* fünf Dinge, die du unbedingt in deinen Koffer packen würdest, wenn du eine Woche unterwegs wärst. Verwende jeweils ein Nomen und ein Adjektiv.

a) un ______________ pantalon (vieux)
b) une chemise ______________ (violet)
c) une jupe ______________ (bleu)
d) des chaussures ______________ (orange)
e) des pullovers ______________ (cher)
f) un ______________ manteau (nouveau)
g) un ______________ anorak (beau)
h) des bonbons (m) ______________ (orange)
i) des livres ______________ (gris)
j) une ______________ pomme (beau)
k) une bouteille ______________ (blanc)
l) une fleur ______________ (violet)
m) un clown ______________ (gentil)
n) une ______________ carte postale (beau)
o) des carottes ______________ (vieux) et ______________ (gris)
p) une ______________ banane (vieux)
q) ______________________________
r) ______________________________
s) ______________________________
t) ______________________________
u) ______________________________

Aufgabe 26 Kellner müssen immer sehr höflich sein. Deshalb können sie nicht immer sagen, was sie denken. François ist Kellner. Hier kannst du lesen, was er wirklich denkt. Ergänze die richtig angeglichenen Adjektive.

	François, le garçon, dit :	François pense :
a)	« Ce chien, c'est un ______________ animal (beau).	*C'est un ______________ animal (vieux).*
b)	Mettez-vous sur la ______________ chaise (nouveau).	*C'est une ______________ chaise (vieux).*
c)	Le vin ______________ (blanc) est très bon.	*Le vin ______________ (rouge) est meilleur.*
d)	Cette chemise ______________ (violet) est très ______________ (beau).	*Cette chemise est ______________ (vieux) et ______________ (gris).*
e)	Oh madame, aujourd'hui vous êtes très ______________ (joli). Vous êtes ______________ (heureux), n'est-ce pas ?	*Elle n'est plus ______________ (jeune), cette dame.*
f)	Aujourd'hui, les baguettes ne sont pas ______________ (cher).	*Les pains au chocolat sont encore moins ______________ (cher).*
g)	Oh, une ______________ (beau) jupe ______________ (orange).	*C'est une jupe ______________ (cher).*
h)	Vos deux filles sont très ______________ (gentil).	*Ce ne sont pas des filles ______________ (modeste).*
i)	Voilà une ______________ (beau) table.	*Oh, la table est ______________ (sale).*
j)	Ce sac ______________ (violet) est très élégant. »	*Ce ______________ (vieux) sac est démodé* (altmodisch).

Aufgabe 27 Tim Mayer besucht in den Ferien seinen französischen Freund Marcel Signon, der in Marseille wohnt. Gemeinsam fahren sie quer durch die Provence. Tim ist völlig begeistert von der schönen Landschaft.
Setze die Adjektive in der richtigen Form ein.

MARCEL : Donc, tu aimes la ____________ (beau) Provence ?

TIM : Elle est ____________ (super) ! Le ciel est ____________ (bleu), les arbres sont ____________ (vert), les filles sont ____________ (joli)…

MARCEL : Regarde, le ____________ (vieux) château là, et la ________ (vieux) maison ____________ (orange), ils sont ____________ (beau).

TIM : Tu vois les __________ (vieux) arbres à côté des maisons ________ (gris) ? Ils sont ____________ (extra) !

MARCEL : Oh oui, au soleil ils sont presque ____________ (blanc). D'ailleurs, tu veux aller visiter la __________ (beau) Camargue[1] ? Là, il y a des chevaux ____________ (blanc). Les touristes les aiment !

TIM : Non merci, moi, je préfère les ____________ (vieux) églises et les ____________ (vieux) immeubles. Et aussi les ____________ (vieux) fermes (f., *Bauernhof*) !

MARCEL : Je comprends. Mais les filles, tu les préfères ____________ (jeune), n'est-ce pas ?

TIM : Oh oui. D'ailleurs, les gens ici sont très ____________ (gentil).

MARCEL : Oui, ils sont peut-être ____________ (heureux) de vivre dans cette ____________ (beau) région ! Regarde le champ *(Feld)* __________ (violet). C'est la lavande *(Lavendel)* ! Elle est __________ (violet). La Provence est connue pour ses __________ (grand) champs de lavande.

TIM : Tu sais, on ne peut pas aller à Avignon ? Je veux voir ce pont ____________ (intéressant) de la ____________ (beau) chanson !

MARCEL : Oui, on peut y aller. C'est une ville très ____________ (joli). Mais tu dois danser sur le ____________ (vieux) pont !

1 Camargue – Gegend in Südfrankreich rund um die Mündung der Rhône ins Mittelmeer.

4.2 Steigerung und Vergleich von Adjektiven – *La comparaison des adjectifs*

Wann verwendest du den Komparativ?
Möchtest du zwei Dinge miteinander vergleichen, so verwendest du die Steigerungsform, den Komparativ.

Beispiel: Marc est plus gentil que Stéphane.
Marc ist netter als Stéphane.

Wann verwendest du den Superlativ?
Den **Superlativ** verwendest du, um zu sagen, dass jemand „der größte ...“, „der älteste ...“, „der schönste ...“ etc. ist.

Beispiel: Marc est le plus gentil garçon de la classe.
Marc ist der netteste Junge der Klasse.

Wie bildest du den Komparativ?
Im Französischen bildet man den **Komparativ**, indem man ***plus, moins, aussi*** **vor das Adjektiv** setzt und das Bezugswort des Vergleichs dann **mit *que* anschließt**.

Beispiele: Léon est plus grand que Susanne.
Susanne est moins grande que Léon.
Michel est aussi grand que Sandrine.

Wie bildest du den Superlativ?
Um den Superlativ zu bilden, setzt man den **bestimmten Artikel vor den Komparativ: *le/la/les* + *plus/moins* +Adjektiv**.

Beispiele: Léon est le plus grand garçon de sa classe.
Susanne est la plus petite fille de sa classe.

Beachte:

- Adjektive können vor oder nach dem Nomen stehen, das sie näher bestimmen. Beim Superlativ ist es meist genauso. **Bei nachgestelltem Adjektiv darfst du allerdings nicht den Artikel vergessen**, der bei jedem Superlativ dazugehört.

  Beispiele: Voilà la maison la plus intéressante de Lyon.
  C'est l'hôtel le moins cher de toute la ville.

- ***bon*** hat eine besondere Steigerungsform:
  bon(ne) – meilleur(e) – le meilleur/la meilleure
  gut – besser – der/die Beste

  Die negative Steigerungsform ist regelmäßig:
  bon(ne) – moins bon(ne) – le moins bon/la moins bonne
  gut – schlechter – der/die Schlechteste

Aufgabe 28 Hier siehst du einige bekannte französische Gebäude. Vergleiche die Höhe der Gebäude.

1. La Tour Eiffel (317 m)

2. La Grande Arche de la Défense (110 m)

3. La Tour Montparnasse (210 m)

4. Le Parlement européen (60 m)

a) 1 – 2 : La Tour Eiffel ___*est plus haute que*___ la Grande Arche.

b) 2 – 3 : La Grande Arche ________ moins haute ________________.

c) 3 – 4 : La Tour Montparnasse ________________________________.

d) 2 – 4 : ____.

e) 4 – 3 : ____.

f) 3 – 1 : ____.

Welche Gebäude wurden noch nicht miteinander verglichen? Bilde den fehlenden Vergleich. Kannst du zum Schluss auch noch sagen, welches Gebäude *(le bâtiment)* „das höchste“ bzw. „das am wenigsten hohe“ ist?

____

____

____

____

Aufgabe 29 Vergleiche die abgebildeten Personen und Dinge und verwende dabei das angegebene Adjektiv. Der Pfeil sagt dir, ob du *plus* (↑), *moins* (↓) oder *aussi* (→) verwenden sollst. Denke wieder an die Angleichung des Adjektivs bei weiblichen Nomen oder beim Plural.

a) M. Lemarc – M. Tartan (↑ gros)

M. Lemarc est plus gros que M. Tartan ________.

b) Bernard – Michel (↓ sportif)

Bernard est ________________________

________________________ Michel.

c) Sandrine – Silvie (→ intelligent)

________________________.

d) oranges – pommes (→ cher)

________________________.

e) maison – immeuble (↓ grand)

________________________.

f) souris – perroquet (↑ petit)

________________________.

g) Londres – Paris (→ intéressant)

________________________.

h) Stéphanie – Roland (↓ heureux)

________________________.

i) Mme Mont – Laurent (↑ vieux)

________________________.

j) nouvelle église – vieille église (↑ beau)

____

____

____

________________________.

Aufgabe 30 Bei der folgenden Aufgabe sollst du Superlative bilden. Denke an den bestimmten Artikel.

a) – Il est beau, ce jardin.
   – Oui, c'est vrai, c'est le jardin le plus beau ici.

b) – Il est petit, ce restaurant.
   – Oui, c'est vrai, ____________________.

c) – Elle est élégante, cette dame.
   – Oui, ____________________.

d) – Il est gentil, ce chien.
   – ____________________.

e) – Ils sont bêtes, ces garçons !
   – ____________________
   – ____________________ de notre classe.

f) – Il est vieux, cet arbre.
   – ____________________.

g) – Elles sont gentilles, ces vendeuses *(Verkäuferinnen)*.
   – ____________________ de ce magasin.

h) – Il est intelligent, ce garçon.
   – ____________________ de notre classe.

i) – Elles sont grosses, ces aubergines.
   – ____________________
   ____________________ du marché.

j) – Il est drôle, ce comédien.
   – ____________________
   ____________________ de France.

k) – Elle est haute, cette tour.
   – ____________________
   ____________________.

Aufgabe 31* Abschlussübung zu Komparativ und Superlativ

Vergleiche die Noten der unten abgebildeten Schüler. Verwende dabei Komparativ und Superlativ von *bon/bonne*. Die Noten in Frankreich gehen von 1 bis 20, wobei 20 die beste Note ist.

Sophie

biologie 13
maths 18
SVT[1] 10
allemand 8
français 6

Muriel

biologie 16
maths 18
SVT 12
allemand 5
français 19

Marc

biologie 14
maths 9
SVT 17
allemand 18
français 6

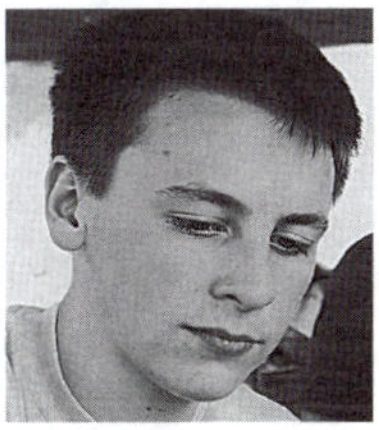

Sébastien

biologie 16
maths 10
SVT 17
allemand 15
français 15

1 SVT = sciences de la vie et de la Terre ~ Natur und Technik

a) (Sophie/Muriel/biologie)
Sophie est moins bonne en biologie que Muriel.

b) (Marc/allemand)
Marc est le meilleur en allemand.

c) (Marc/Muriel/SVT)
______________________________.

d) (Sébastien/Marc/SVT)
______________________________.

e) (Sophie/Marc/maths)
______________________________.

f) (Marc/Sophie/français)

____.

g) (Muriel/français)

____.

h) (Sophie/Muriel/maths)

____.

i) (Muriel/allemand)

____.

j) (Sébastien/Muriel/français)

____.

k) (Sophie/Marc/biologie)

____.

l) (Muriel/Marc/biologie)

____.

m) (Sophie/SVT)

____.

Aufgabe 32 Wie in Deutschland auch werben in Frankreich viele Unternehmen für Ihre Produkte. Ob auf Straßenplakaten, im Fernsehen, in der Zeitung oder im Internet, kein Franzose kommt an der Werbung vorbei.
Schreibe eine Werbung für ein verrücktes Produkt, z. B. für einen Computer, der Schülern die Hausaufgaben macht, oder für einen Roboter, der alle Einkäufe erledigt. Wenn möglich, verwende Komparative oder Superlative.
Schreibe 80–100 Wörter.

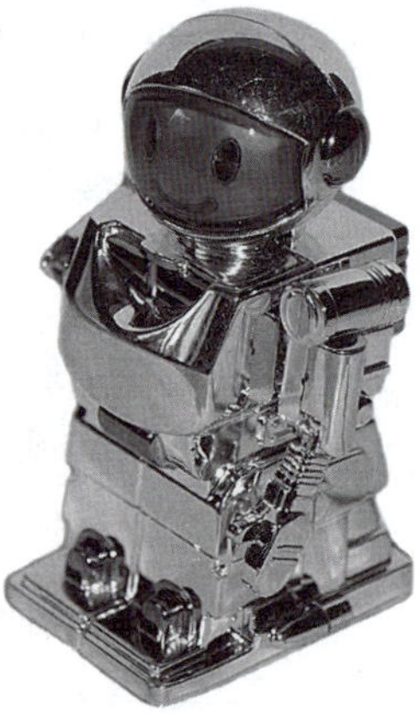

… rund ums Verb

5 Die Verben – *Les verbes*

Französische Verben lassen sich nach ihrer Endung in verschiedene Gruppen einteilen. Diese Einteilung erleichtert es dir, die Verbformen zu lernen, da für eine ganze Gruppe von Verben dieselben Endungen gelten. In den Beispielen sind die Endungen hervorgehoben.

	Stamm	*Endung*
Beispiele:	travaill	**-er**
	part	**-ir**
	pren	**-dre**

- **Verben auf *-er: travailler, regarder, montrer, parler, demander***

		Singular		*Plural*
Beispiel:	je	travaille	nous	travaillons
	tu	travailles	vous	travaillez
	il	travaille	ils	travaillent

- **Verben auf *-ir: partir, dormir, finir, sortir***

Beispiele: ohne Stammerweiterung

je	pars	nous	partons
tu	pars	vous	partez
il	part	ils	partent

mit Stammerweiterung

je	finis	nous	finissons
tu	finis	vous	finissez
il	finit	ils	finissent

Mehr zur Stammerweiterung bei den Verben auf *-ir*, erfährst du auf Seite 44 f.

- **Verben auf *-dre: rendre, attendre, répondre***

Beispiel:	je	rends	nous	rendons
	tu	rends	vous	rendez
	il	rend	ils	rendent

Du findest die wichtigsten Verben der drei Gruppen im Anhang (ab S. 149). Einige von ihnen weisen Besonderheiten in der Konjugation auf, die du beachten solltest.

Verben, die zu keiner dieser Gruppen gehören, sind **unregelmäßige Verben**. Einige von ihnen werden häufig gebraucht und sind daher wichtig, z. B.: *avoir, être, pouvoir, savoir, aller, voir.* Auch diese Verben findest du im Anhang.

Aufgabe 33 Trage die passenden Verbformen ein. Die blau umrahmten Felder ergeben ein Lösungswort.

travailler :	je
prendre :	vous
acheter :	il
rendre :	tu
boire :	nous
lire :	je
être :	nous
aller :	ils
faire :	ils
manger :	nous
dire :	vous
mettre :	ils

Wann verwendest du das *participe passé?*

Das *participe passé* steht nie alleine. Du verwendest es, um bestimmte Zeitformen zu bilden, wie das *passé composé* (Beispiel: *j'ai travaillé*) oder das *plus-que-parfait* (Beispiel: *j'avais travaillé*). Mehr zum *passé composé* findest du auf den Seiten 56 f. und 63, mehr zum *plus-que-parfait* findest du auf Seite 74.

Wie bildest du das *participe passé?*

Das *participe passé* bildest du, indem du die Infinitivendung des Verbs durch die Partizipendung ersetzt.

- Die Verben auf *-er* bilden das ***participe passé*** **auf *-é*.**
  Beispiel: travailler → travaill<u>é</u>
- Die Verben auf *-dre* bilden das ***participe passé*** **meist auf *-u*.**
  Beispiel: attendre → attend<u>u</u>
- Die Verben auf *-ir* bilden das ***participe passé*** **meist auf *-i*.**
  Beispiel: finir → fin<u>i</u>

Beachte: Es gibt auch einige unregelmäßige Formen, die du auswendig lernen musst. Im Anhang (ab S. 149) findest du eine Liste all der Verben, die du am Ende des zweiten Französischjahres kennen solltest.

Aufgabe 34 Trage das *participe passé* der folgenden Verben in die unten stehende Tabelle ein.

finir, ~~regarder~~, offrir, répondre, avoir, voir, perdre, dormir, manger, commencer, être, croire, acheter, descendre, sortir, partir, tomber, rendre, attendre, sentir

Verben auf *-er*	Verben auf *-dre*	Verben auf *-ir*	unregelmäßige Verben
regardé			

Aufgabe 35 M. Travaillard ist Lehrer an einem Lycée in Montpellier. Er ist gerne Lehrer, aber manchmal gibt es Tage, da geht alles schief. So berichtet er eines Abends seinem Freund Folgendes. Setze die Verben in Klammern im *participe passé* ein.

« Ce soir je suis vraiment fatigué. Aujourd'hui, j'ai ______ (avoir) un mauvais jour. Ce matin, le chat a ______ (manger) mon petit déjeuner. J'ai ______ (préparer) un nouveau petit déjeuner, alors je suis ______ (arriver) en retard à l'école. Quand je suis ______ (entrer) au lycée, il y avait beaucoup de bruit. Un élève de ma classe a ______ (crier) : « Il arrive ! » et quand j'ai ______ (ouvrir) la porte de ma classe un ballon est ______ (partir) par la fenêtre ouverte. Nous n'avons plus ______ (travailler) parce que les élèves ne pouvaient plus se concentrer ! Et plus tard un autre professeur nous a ______ (dire) de ne pas faire trop de bruit ! L'après-midi, j'ai ______ (oublier) mon porte-monnaie à la boulangerie, ensuite j'ai ______ (avoir) mal au ventre. Et maintenant j'aimerais une tasse de café, s'il te plaît. »

5.1 Die Verben auf *-ir* – *Les verbes en -ir*

Eine wichtige Gruppe regelmäßiger Verben sind die Verben auf *-ir*. Diese Verben teilt man in zwei Untergruppen ein:

- Verben **ohne Stammerweiterung** im Plural, wie z. B. *dormir* → *nous dormons*.
- Verben **mit Stammerweiterung** im Plural, wie z. B. *finir* → *nous finissons*.

Verben auf *-ir* ohne Stammerweiterung:
Wie werden *dormir*, *sortir*, *mentir* und *partir* konjugiert?

	Singular		Plural	
dormir	je	dors	nous	dormons
	tu	dors	vous	dormez
	il	dort	ils	dorment
sortir	je	sors	nous	sortons
	tu	sors	vous	sortez
	il	sort	ils	sortent

Beachte: Im Singular entfällt der Endkonsonant des Infinitivstammes (z. B. das *m* bei *dormir*), im Plural bleibt er bestehen.

Wie bildest du das *participe passé* dieser Verben?
Die meisten Verben dieser Gruppe bilden das ***participe passé* auf *-i*.**
Beispiele: dormir → dormi → sorti

Beachte: Einige wichtige Verben auf *-ir* weisen Besonderheiten in der Konjugation auf, die du dir merken solltest. In den folgenden Beispielen sind die Besonderheiten unterstrichen.

- ***courir*** hat ein unregelmäßiges *participe passé*: *couru*.
- ***ouvrir*** und ***offrir*** werden wie die Verben auf *-er* konjugiert, haben aber ein unregelmäßiges *participe passé*.

	Singular		Plural		participe passé
ouvrir	j'	ouvre	nous	ouvrons	ouvert
	tu	ouvres	vous	ouvrez	
	il	ouvre	ils	ouvrent	
	ebenso: offrir				

- ***venir*** und ***tenir*** werden bis auf die 1. und 2. Person Plural unregelmäßig konjugiert.

venir	je	viens	nous	venons	venu
	tu	viens	vous	venez	
	il	vient	ils	viennent	
	ebenso: tenir				

Verben auf *-ir* mit Stammerweiterung:
Wie werden *finir, réussir, réagir, choisir* und *réfléchir* konjugiert?

	Singular		*Plural*	
finir	je	finis	nous	finissons
	tu	finis	vous	finissez
	il	finit	ils	finissent

Beachte bei den Pluralformen die Stammerweiterung mit *-iss-*.

Wie bildest du das *participe passé* dieser Verben?
Auch diese Verben bilden das ***participe passé* auf *-i*.**
Beispiele: finir → fini réussir → réussi

Aufgabe 36 Die Tour de France, das bekannteste Fahrradrennen der Welt, findet schon seit 1903 statt. Im folgenden Text erzählt ein Fahrer, wie er einen Tag während der Tour de France verbringt. Setze die Verben in Klammern ins Präsens.

« Eh bien, nous ______________ (dormir) jusqu'à sept heures du matin. Moi, je ______________ (sortir) de mon lit à six heures trente et mon entraîneur *(Trainer)* ______________ (venir) et il m'______________ (offrir) du café. Après le petit déjeuner nous ______________ (sortir) de notre caravane *(Wohnwagen)*. Pour commencer, nous ______________ (courir) deux kilomètres, puis l'entraîneur nous ______________ (offrir) quelque chose à boire. Puis il dit : « ______________ (venir) dans ma caravane et je vous donne les tricots. » C'est l'entraîneur chez nous qui a tous les tricots. Maintenant nous sommes tous très nerveux. Mais l'entraîneur ______________ (réfléchir), il ______________ (choisir) bien ses mots et il ______________ (réussir) toujours à nous calmer *(beruhigen)*. Quand une nouvelle étape commence, nous ______________ (réagir) le plus vite possible au départ *(hier: Start)*. Les gens ______________ (venir) de toute la France pour nous voir, donc je ______________ (sortir) très vite. Après tu ne ______________ (réfléchir) pas beaucoup, tu ______________ (réagir) seulement. L'entraîneur ______________ (choisir) la tactique et les sportifs ______________ (réagir). Quand nous ______________ (finir), ce sont le sportif et l'entraîneur qui ont travaillé et gagné. Les sportifs ______________ (venir) de France, d'Allemagne, d'Amérique – de partout – et j'aime cela. »

Aufgabe 37 Sandrine und Philippe aus Paris verbringen ihre Ferien bei ihren Großeltern in der Normandie. Sandrine schreibt ihrer Mutter einen Brief.
Setze die Verben in der richtigen Form ein.

Ma chère maman, Rouen, le 18 août

Nous voilà à Rouen chez grand-mère et grand-père. C'est super !
Je ______________ (dormir) jusqu'à dix heures le matin. Philippe ______________ (sortir) de son lit à dix heures et demie – il ______________ (finir) toujours sa bande dessinée avant le petit déjeuner. Grand-père ______________ (partir) à huit heures, il ______________ (offrir) une visite de Rouen aux touristes. Ces touristes ______________ (venir) de partout, ils ______________ (sortir) de leur bus, ______________ (courir) à travers *(durch)* Rouen pendant 30 minutes, ils ______________ (écouter) grand-père et puis ils ______________ (continuer) leur voyage. Et ils ______________ (appeler) cela « visiter Rouen » ! Pour moi, ils ______________ (mentir).
Philippe et moi, on ______________ (courir) dans le jardin où nous ______________ (rester) presque toute la journée. Grand-mère nous ______________ (offrir) tout le temps du bon gâteau. Tu ______________ (savoir), elle est super – le soir, elle ______________ (venir) même dans ma chambre pour me raconter une histoire.
Et vous ? Quand est-ce que vous ______________ (venir) en Normandie ?

Gros bisous,
Sandrine

ufgabe 38 Einige Wochen später klebt Sandrine Urlaubsbilder von ihrem Normandieurlaub ins Fotoalbum. Sie schreibt unter jedes Foto, was man darauf sehen kann. Bilde Sätze aus den vorgegebenen Wörtern und verwende dabei die passende Person der kursiv gedruckten Verben.

a)

Grands-parents/*vivre*/Normandie. Normandie/*plaire* aussi à/Philippe et moi

____

____

b)

Grand-père/*connaître* bien/Rouen. *Recevoir*/touristes/Place du Vieux Marché.

____

____

c)

Grand-mère/*rire* beaucoup. Elle/*envoyer* souvent/lettres/maman.

____

____

d)

Papa/*construire*/petite maison/jardin/pour/grands-parents.

____

____

e)

Là/grand-mère/*conduire*/ une Renault. Elle/*vouloir*/ aller au supermarché/Rouen.

f)

Voilà Philippe/papa. *Payer*/ pommes. *Vouloir*/faire/calvados[1].

g)

Là,/nous/*vouloir* visiter le Mont-Saint-Michel[2]. Grand-mère/ *conduire* sa Renault.

h)

midi/nous/faire/ pique-nique (m.) /forêt. Les grands-parents/ *connaître* bien/forêt.

1 le calvados: normannischer Apfelbranntwein, Spezialität der Gegend

2 le Mont-Saint-Michel: Benediktinerabtei auf einer Insel vor der normannischen Küste; Touristenattraktion

5.2 Die Reflexiven Verben – *Les verbes pronominaux*

Was sind reflexive Verben?

Reflexive Verben sind Verben, die das Reflexivpronomen *me, te, se, nous* oder *vous* bei sich haben. Das Reflexivpronomen bezieht sich auf das Subjekt zurück.

	Singular		*Plural*	
se laver	je	me lave	nous	nous lavons
	tu	te laves	vous	vous lavez
	il	se lave	ils	se lavent
s'appeler	je	m'appelle	nous	nous appelons
	tu	t'appelles	vous	vous appelez
	il	s'appelle	ils	s'appellent

Vor Vokal oder stummem *h* werden *me, te, se* auf *m', t', s'* verkürzt. Zur Bildung des *passé composé* der reflexiven Verben siehe S. 63.

Beachte: Nicht immer sind Verben, die im Deutschen reflexiv sind, auch im Französischen reflexiv. Umgekehrt gilt das genauso.

Beispiele: s'appeler → *heißen*
changer → *sich verändern*

Wie verwendest du reflexive Verben im Satz?

- Das Reflexivpronomen steht direkt vor dem Verb.
  Beispiel: Je m'habille.
- Ist das Verb verneint, so umschließt die Verneinung das Reflexivpronomen und das konjugierte Verb.
  Beispiel: Je ne m'habille pas.
- Wird das Verb mit einem Infinitiv gebildet, so steht das Reflexivpronomen vor dem Infinitiv. Dies gilt auch im verneinten Satz.
  Beispiele: Je vais m'habiller.
  Je ne vais pas m'habiller.

Aufgabe 39 Herr und Frau Steiger besuchen Paris. Sie kennen die Stadt nicht und verlaufen sich prompt.
Fülle die Lücken aus und verwende die angegebenen Verben. Sie sind nicht in der richtigen Reihenfolge.

s'arrêter, se trouver (3 x), se reposer, se demander, s'adresser, s'intéresser (3 x)

M. et Mme Steiger ____________________ à Paris. Ils ne connaissent pas la ville et donc ils ____________________ dans un parc pour regarder le plan de la ville. Ils sont fatigués, alors ils ____________________ un peu. Un monsieur arrive. Ils ____________________ à ce monsieur.

MME STEIGER : Excusez-moi, monsieur. Nous ____________________ où ____________________ le Louvre. Je ____________________ à la Joconde[1] et M. Steiger ____________________ aux statues.

LE MONSIEUR : Je ne ____________________ pas à l'art *(Kunst)*, mais je peux vous aider. Vous ____________________ directement devant le Louvre. C'est le grand bâtiment *(Gebäude)* là-bas !

1 La Joconde: Mona Lisa

Aufgabe 40 Zaz ist eine bekannte französische Sängerin. Hier ist ihr Tagesablauf.
Bilde Sätze aus den vorgegebenen Wörtern. Denke daran, die Verben zu konjugieren.

a) se lever
À huit heures, Zaz se lève. — 8:00

b) se laver les cheveux (m./pl., *Haare*)
____________________ — 8:15

c) s'habiller
____________________ — 8:30

d) Zaz et une amie, se mettre à table, hôtel
____________________ — 9:00

e) s'inquiéter, trop tard au studio — 10:00

____

f) s'excuser, puis enregistrer *(aufnehmen)* la nouvelle chanson — 10:15

____

g) se mettre à table pour le repas — 13:00

____

h) se trouver dans un restaurant, donner des autographes — 15:00

____

i) se sentir fatiguée, se reposer — 19:00

____

j) s'adresser à ses fans, concert — 20:00

____

k) après le concert, se sentir très bien

____

l) prendre une douche, se coucher

____

5.3 Der Imperativ – *L'impératif*

Wann verwendest du den Imperativ?

Den Imperativ verwendest du, um eine Aufforderung oder eine Anweisung zum Ausdruck zu bringen.

Beispiele: Fermez la fenêtre, s'il vous plaît.
Donne-moi ce livre.

Wie bildest du die Imperativformen?

Die drei Imperativformen leitet man normalerweise von der 1. Person Singular, der 1. Person Plural bzw. der 2. Person Plural Präsens des Verbs ab.

	Präsensform	*Imperativ*	*Deutsch*
Beispiele:	je travaille	travaille	arbeite
	nous travaillons	travaillons	lasst uns arbeiten
	vous travaillez	travaillez	arbeitet/antworten Sie

	Präsensform	*Imperativ*	*Deutsch*
Beispiele:	je réponds	réponds	antworte
	nous répondons	répondons	lasst uns antworten
	vous répondez	répondez	antwortet/antworten Sie

Beachte: Es gibt im Französischen auch **unregelmäßige Imperative**, z. B.

	Infinitiv	*Imperativ*	*Deutsch*
Beispiele:	être	sois	sei
		soyons	lasst uns sein
		soyez	seid
	avoir	aie	habe
		ayons	lasst uns haben
		ayez	habt

Aufgabe 41 Philippe und seine Schwester Amélie aus Paris nehmen an einem Ferienlager in den Vogesen[1] *(les Vosges)* teil. Beim ersten Abendessen sitzen alle zusammen und René, der Leiter des Jugendlagers, gibt einige Anweisungen.
Ergänze die fehlenden Imperativformen.

« Alors, bonsoir. Bienvenue dans les Vosges. Il y a quelques choses à discuter et à savoir. Donc, il y a des choses dangereuses ici, alors ________________ (être) prudents *(vorsichtig)*. Ne ________________ (quitter) jamais le groupe. Ne ____________ (faire) pas de promenades sans le groupe. ______________ (avoir) toujours un guide avec vous dans la montagne. ________________ (travailler) ensemble. ________________ (suivre) toujours les instructions *(Anweisungen)* des guides. ________________ (informer) les guides quand il y a un accident ou ____________________ (courir) au téléphone et ________________ (appeler) les secours. Ne ________________________ (rire) pas, ce n'est pas amusant. Ne __________________ (boire) pas d'alcool, c'est interdit *(verboten)*. Quand vous quittez le groupe, ________________-le (dire) au guide. Et maintenant j'ai faim. ________________ (passer)-moi le pain, Philippe, s'il te plaît.

1 Gebirge, das sich auf französischer Seite entlang des Elsass bzw. der deutsch-französischen Grenze zieht. Gegenstück zum Schwarzwald auf deutscher Seite.

5.4 *il faut*

Wann verwendest du *il faut*?
Mit ***il faut*** drückst du aus, dass man etwas benötigt oder dass etwas getan werden muss.

Du kannst ***il faut*** mit drei verschiedenen Ergänzungen verwenden:

- ***il faut* + Nomen**
  Schließt an *il faut* gleich ein Nomen an, so bedeutet es „**man braucht, man benötigt**".

  Beispiel: Pour faire un gâteau, il faut du lait et un œuf.
  Um einen Kuchen zu backen, braucht man Milch und ein Ei.

- ***il me (te, lui, nous, vous, leur) faut* + Nomen**
  Will man sagen, wer etwas benötigt, so kann man ein indirektes Objektpronomen einfügen. Der Ausdruck bedeutet dann „**ich brauche/benötige, du brauchst**" etc.

  Beispiel: Il me faut un nouveau vélo.
  Ich brauche ein neues Fahrrad.

  Pour faire un gâteau, il te faut du lait et un oeuf.
  Um einen Kuchen zu backen, brauchst du Milch und ein Ei.

  Il lui faut une nouvelle chemise.
  Er/Sie braucht ein neues Hemd.

- ***il faut* + Infinitiv**
  Folgt auf *il faut* ein Infinitiv, so hat der Ausdruck die Bedeutung „**müssen**". Der Satzzusammenhang zeigt dir dann, ob die Aufforderung allgemein/unpersönlich gemeint ist („man muss etwas tun") oder ob sich die Aufforderung an eine bestimmte Person richtig „du musst etwas tun, wir müssen etwas tun" etc.

  Beispiele: Pour faire un gâteau, il faut acheter du lait et un oeuf.
  Um einen Kuchen zu backen, muss man Milch und ein Ei kaufen.

  Allons au supermarché. Pour le gâteau il faut acheter du lait et un œuf.
  Lass uns in den Supermarkt gehen. Für den Kuchen müssen wir Milch und ein Ei kaufen.

Beachte: Ist ***il faut* + Infinitiv verneint**, so hat es die Bedeutung: „**nicht dürfen**" oder „**nicht brauchen**".

Beispiel: Il ne faut pas manger tout le gâteau.
Wir dürfen nicht den ganzen Kuchen essen.

Je suis déjà allé au supermarché. Il ne faut plus acheter du lait et des œufs.
Ich war schon im Supermarkt. Wir brauchen keine Milch und keine Eier mehr zu kaufen.

Aufgabe 42 Was braucht man wo und wann? Ordne die folgenden Satzenden den drei Gruppen zu. Manche Satzenden passen auch in mehrere Gruppen …

1. Pour construire une maison il faut…

   ____

2. Pour avoir de bonnes notes à l'école il faut…

   ____

3. Pour passer de bonnes vacances à la mer il faut…

   ____

(a) travailler beaucoup.	(b) du soleil.
(c) un bon architecte.	(d) du béton.
(e) un bateau.	(f) beaucoup de livres.
(g) des fenêtres.	(h) un ballon de foot.
(i) rester à la maison.	(j) de l'argent.
(k) un hôtel.	(l) lire et ne pas regarder la télé.
(m) faire ses devoirs.	(n) une belle porte.
(o) aller au restaurant.	(p) faire ce que dit le prof.

Aufgabe 43 Du möchtest mit Freunden an die französische Atlantikküste im Südwesten Frankreichs fahren, um auf der Île de Ré einen Strandurlaub zu machen.
Was braucht man alles und woran muss man denken, wenn man seinen Urlaub am Meer verbringen will?
Ergänze die Sätze, indem du den zweiten Teil ins Französische übersetzt.

Pour passer de bonnes vacances au bord de la mer…

a) *il faut une grande voiture.*
   … braucht man ein großes Auto.

b) ______________________________
   … braucht man ein kleines Haus.

c) ______________________________
   … brauche ich viele interessante Bücher.

d) ______________________________
   … brauchst du Sonne und einen Strand.

e) ______________________________
   … brauchen wir ein gutes Restaurant.

f) ____

... muss man im Supermarkt etwas kaufen.

g) ____

... muss man Freunde finden.

h) ____

... braucht man nicht viele Kleider.

i) ____

... darfst du keine Angst vor dem Wasser haben.

j) ____

... brauchst du eine Luftmatratze *(le matelas pneumatique)*.

k) ____

... müssen wir viel Eis essen.

l) ____

... dürfen wir nicht am Strand für die Schule arbeiten.

m) ____

... brauchen wir ein wenig Geld.

n) ____

... muss man auf dem Markt Käse einkaufen.

o) ____

... brauchst du ein kleines Boot.

p) ____

... brauche ich eine Zeitung und Bonbons.

6 Die Zeitformen des Verbs – *Les temps verbaux*

Es gibt einfache und zusammgesetzte Zeitformen. Zu den einfachen Zeitformen zählt z. B. das *présent*, zu den zusammengesetzten Zeitformen zählt z. B. das *futur composé*, das sich aus *aller* + Infinitiv zusammensetzt.

Beispiel:	arriver *infinitif*	j'arrive *présent*	je vais arriver *futur composé*

6.1 Das *passé compose:* Bildung und Angleichung – *La formation et l'accord du passé composé*

Wann verwendest du das *passé composé?*
Das *passé composé* verwendest du, um **einmalige Handlungen und Geschehnisse in der Vergangenheit** auszudrücken. Die genauen Verwendungsregeln findest du auf Seite 70 f.

Wie bildest du das *passé composé?*
Das *passé composé* ist eine zusammengesetzte Zeitform. Es wird gebildet aus der **Präsensform von *avoir* oder *être*** sowie dem **Partizip Perfekt *(le participe passé)*** des Verbs.

Beispiele: J'ai travaillé à Paris.
Jean est retourné à la maison.

Welche Verben bilden das *passé composé* mit *avoir*, welche mit *être?*
Grundsätzlich solltest du bei den Verben immer gleich mitlernen, ob sie das *passé composé* mit *avoir* oder mit *être* bilden.
Verben, die eine Bewegungsrichtung ausdrücken (auch das Verb *rester*), bilden das *passé composé* **mit *être***. Du kannst sie dir anhand einer kleinen Zeichnung gut merken:

Wann wird das *participe passé* angeglichen?

- Bei **Verben, die das *passé composé* mit *être* bilden**, richtet sich das *participe passé* in Genus und Numerus nach dem Subjekt. Die Endungen werden manchmal nicht gesprochen, sondern nur geschrieben.
  Beispiele: Jean est allé à Strasbourg.
  Nicole est allée à Strasbourg.
  Jean et Michel sont allés à Strasbourg.
  Nicole et Violette sont allées à Strasbourg.
- Ist das Subjekt gemischt (männlich und weiblich), so richtet sich das *participe passé* nach dem Maskulinum.
  Beispiel: Jean et Nicole sont allés à Strasbourg.
- **Beachte:** Bei den mit *avoir* konjugierten Verben ist das *participe passé* meist unveränderlich.
  Beispiel: Jean a acheté un CD. Nicole a acheté un CD.

Wie bildest du die Verneinung beim *passé composé*?

Wie beim *futur composé* umschließt die Verneinung die konjugierte Form des Verbs, also die Form von *avoir* oder *être*.

Beispiel: Jean n'est pas allé à Strasbourg.
Nicole n'a rien acheté.
Elle n'est pas entrée dans le magasin.

ufgabe 44 Setze in den folgenden Text über den Eiffelturm die richtigen *passé-composé*-Formen ein.

On *a construit* (construire) la Tour Eiffel de 1887 à 1889. On ______________ (commencer) la construction *(Bau)* en janvier 1887, et le 31 mars 1889 Gustave Eiffel ______________ (venir) pour monter sur la tour. Pourquoi est-ce que les Français ______________ (construire) cette tour? En 1889 la France ______________ (célébrer – *feiern*) le 100e anniversaire de la Révolution Française *(Französische Revolution)* et en plus l'Exposition Universelle *(Weltausstellung)* ______________ (ouvrir) ses portes. Beaucoup de gens ______________ (venir) pour visi-ter cette Exposition, et donc on ______________ (vouloir) une tour spéciale.

On ________________ (choisir) Eiffel comme constructeur *(Erbauer)*, Charles Sauvestre comme architecte. Au début Eiffel ________________ (appeler) la tour « la tour de 300 mètres », mais quelques Parisiens qui n'aimaient pas le monument ______________________ (appeler) cette tour « Tour Eiffel ». Quelque temps après, ce nom ______________________ (devenir) normal. Les visiteurs de l'Exposition ________________ (venir) de beaucoup de pays et alors la Tour Eiffel ________________________ (devenir) très connue.

Aujourd'hui la Tour Eiffel est le symbole de Paris et les touristes disent : « J'______________________ (voir) la Tour Eiffel, donc je connais Paris. »

Aufgabe 45 Fülle das Kreuzworträtsel mit den fehlenden Partizipien aus. Achte auf die Angleichung ans Subjekt bei Verben, die das *passé composé* mit *être* bilden.

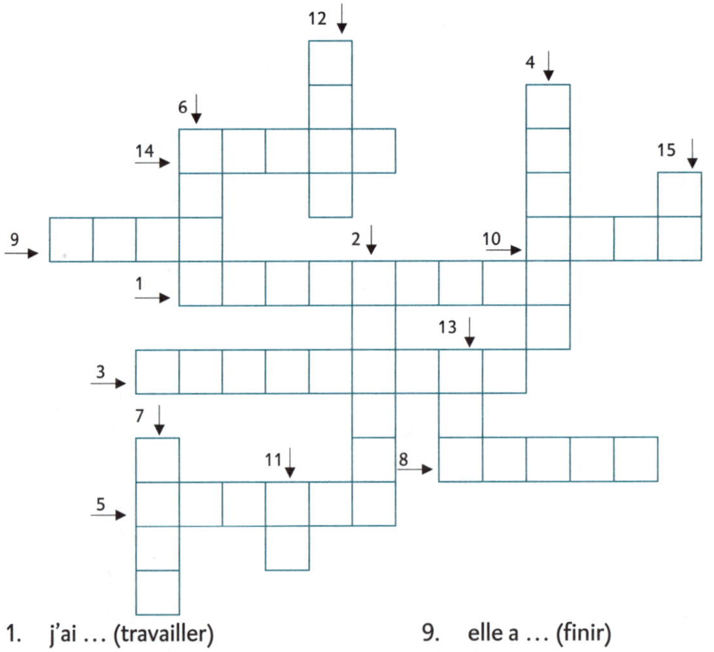

1. j'ai … (travailler)
2. il est … (arriver)
3. nous sommes … (retourner)
4. Michelle est … (monter)
5. tu as … (acheter)
6. vous avez … (faire)
7. elles ont … (payer)
8. on a … (écrire)
9. elle a … (finir)
10. ils ont … (tenir)
11. j'ai … (avoir)
12. il est … (aller)
13. nous avons … (être)
14. il a … (falloir)
15. vous avez … (lire)

Aufgabe 46 Serge aus der Normandie hat an einem französisch-amerikanischen Austausch teilgenommen und durfte ein Jahr lang in den USA leben. Zurück in Frankreich erzählt er davon, dass er sich einen lang gehegten Traum erfüllt hat: Er hat sich die Freiheitsstatue *(la Statue de la Liberté)* angesehen, die die Franzosen einst den Amerikanern schenkten ...
Être oder *avoir?* Ergänze die unvollständigen *passé-composé*-Formen.

En mars dernier je/j'__________ visité New York. Enfin ! Je/J'________ monté sur le Empire State Building, je/j'__________ allé voir Broadway, je/j'__________ fait une promenade dans le Central Park – et je/j'__________ vu la Statue de la Liberté. Je/J'__________ rencontré mon ami Steven au port et puis nous __________ pris le bateau. Sur le bateau un monsieur __________ venu et il __________ raconté tout sur Ellis Island, Liberty Island et la Statue.
Un architecte français, Frédéric-Auguste Bartholdi, __________ construit la Statue. Les Français __________ offert la Statue aux Américains, c'était un cadeau. Bartholdi __________ travaillé plus de 21 ans pour avoir une statue idéale qui montre bien l'idée de la liberté. En 1886 Bartholdi __________ fini sa statue et on __________ transporté la « dame » à New York. La statue __________ arrivée en beaucoup de pièces *(Stück; Teil)*, comme un puzzle et le 28 octobre 1886 elle __________ trouvé sa place sur Liberty Island.

Aufgabe 47 Céline aus Dijon telefoniert am 26. Dezember mit Julia aus Berlin. Sie berichtet, wie sie in ihrer Familie Weihnachten verbracht hat.
Ergänze die fehlenden Verben im *passé composé*.

L'après-midi du 24 décembre, j' __________ (acheter) le cadeau pour maman. Je __________ (partir) à deux heures et je __________ (rentrer) à six heures. Le reste de la famille __________ (rester) à la maison. Maman __________ (décorer) l'arbre de Noël, mon frère et papa __________ (préparer) le repas. Puis, nous __________ (mettre) nos pantoufles sous l'arbre. Grand-mère __________ (faire) la bûche de Noël, un gâteau spécial. Grand-père __________ (descendre) de sa chambre pour l'aider.
Le soir, nous __________ (prendre) le repas en famille.
Après, Frédéric et moi, nous __________ (monter) dans nos chambres.
Pendant la nuit, le Père Noël __________ (descendre) par la cheminée et il __________ (mettre) les cadeaux dans les pantoufles.
Le matin du 25 décembre, Frédéric et moi, nous __________ (descendre) de nos chambres pour ouvrir des cadeaux.
Après le petit déjeuner toute la famille __________ (aller) à la messe *(Gottesdienst)* et après nous __________ (prendre) le déjeuner ensemble. On __________ (chanter) quelques chants de Noël *(Weihnachtslieder)* et Frédéric __________ (jouer) avec ses cadeaux.

1 la bûche de Noël: traditioneller französischer Weihnachtskuchen in Baumstammform.

Aufgabe 48 Claudine hat einen sehr strengen Erdkundelehrer. Dauernd ermahnt er die Schüler. Manchmal irrt er sich allerdings auch und ermahnt, obwohl niemand etwas angestellt hat.
Setze die Sätze verneint ins *passé composé*. Denke daran, dass du bei Verben, die mit *être* konjugiert werden, eventuell angleichen musst.

a) Arrête de parler avec ta voisine, François.

   Mais monsieur, je n'ai pas parlé avec ma voisine ________.

b) Arrête d'écrire dans tes livres, Sybille.

   Mais monsieur, je ________.

c) Arrête de monter sur la table, Anne.

   ________.

d) Arrête de manger pendant le cours, Sabrine.

   ________.

e) Arrête de téléphoner avec ton portable *(Handy)*, Luc.

   ________.

f) Arrête de lire cette bande dessinée, Ahmed.

   ________.

g) Arrête d'aller à la cantine et d'arriver en retard, Joséphine.

   ________.

h) Arrête de dormir pendant la leçon, Mathilde.

   ________.

i) Arrête d'écrire des lettres à ta voisine, Marc.

   ________.

j) Arrête de regarder par la fenêtre pendant le cours, Philippe.

   ________.

k) Arrête de faire du bruit, Sandrine.

   ________.

Aufgabe 49 Michaela besucht ihre französische Freundin Bernadette und nimmt an der Feier zur Kommunion von Bernadettes Bruder Frédéric teil. Einige Tage später fragt Bernadettes Mutter Michaela, ob man in Deutschland auch so feiert wie in Frankreich. Michaela erzählt, was bei der französischen Familienfeier anders war.

Erzähle im *passé composé*, was Julia gesagt hat. Oft kannst du die Sätze mit *on* bilden.

a) toute la famille venir

____

b) faire la bise à tout le monde

____

c) prendre l'apéritif

____

d) manger beaucoup

____

e) manger pendant des heures

____

f) servir de la baguette avec tout

____

g) danser

____

h) jouer aux boules

____

i) parler très vite/parler en même temps

____

j) rester jusqu'à minuit.

____

k) encore faire la bise à tout le monde pour dire « au revoir ».

____

Wie bildest du das *passé composé* der reflexiven Verben?
Das *passé composé* der reflexiven Verben wird mit ***être + participe passé*** gebildet. Wie immer bei *être* musst du also an die Angleichung des *participe passé* ans Subjekt denken.

Beispiele: Luc s'est lavé.
Sophie s'est lavée.
Ils se sont lavés.
Elles se sont lavées.

Beachte: Folgt dem reflexiven Verb ein direktes Objekt (Frage meist: „wen oder was?"), so ist das Reflexivpronomen indirektes Objekt (Frage meist: „wem?"). Das *participe passé* bleibt dann unveränderlich.

Beispiele: Sophie s'est lavée.
(*se* ist hier direktes Objekt; Frage: „Wen wäscht Sophie?" Antwort: „sich")

Sophie s'est lavé les mains.
(*se* ist hier indirektes Objekt; Frage: „Wem wäscht Sophie die Hände?" Antwort: „sich")

Aufgabe 50 Nun setze die Geschichte aus Übung 40 (S. 50) ins *passé composé*.

a) À huit heures, Zaz s'est levée.

b) ______

c) ______

d) ______

e) ______

parce qu'elle allait arriver trop tard au studio.

f) ______

g) ______

h) ______

i) ______

j) ______

k) ______

l) ______

Aufgabe 51 Mathilde wurde in der Schule mündlich geprüft, weil sie eine Klassenarbeit versäumt hatte. Sie war schon beim Aufstehen sehr nervös. Ob alles gut gehen würde? Am Tag nach der Prüfung berichtet sie ihrer Oma.
Ergänze die reflexiven Verben. Achte auf die Angleichung.

« Je ______________________ (se lever) à sept heures – une heure plus tôt que normalement. J'étais très nerveuse ! Je __________________ (se laver), mais je __________________ (se laver) seulement les mains, j'étais si nerveuse. Ma sœur Eliane ____________________ (se réveiller) parce que j'ai fait du bruit et nous ________________________ (s'habiller). Nous ________________________ (se mettre) à table et Eliane a bien mangé – mais je n'ai rien mangé – j'étais si nerveuse ! Je ______________________ (s'inquiéter) tout le temps et j'ai juste mangé un peu de baguette. Eliane a parlé tout le temps pour m'aider – elle est vraiment gentille. Je __________________ (s'excuser) parce que je n'ai rien dit et elle a compris – j'étais si nerveuse ! Finalement nous sommes parties. Nous ______________________ (s'arrêter) chez le boulanger pour acheter du pain. Je ________________________ (s'inquiéter) parce que je ne voulais pas être en retard. J'étais si nerveuse !
Finalement nous ________________________________ (se trouver) à l'école.
En classe je ____________________ (se mettre) à ma table et je ________________________ (se demander) pourquoi je n'étais pas à la maison – malade…
Le prof est arrivé et il ____________________ (s'adresser) à moi tout de suite. Il a dit : « Mathilde, je pense que tu as tout compris, donc un examen oral *(mündliche Prüfung)* n'est pas vraiment nécessaire *(notwendig)*. » J'ai regardé le prof… et je ____________________ (se demander) : Pourquoi est-ce que tu as travaillé si dur *(hart)* ? J'ai dit cela au prof – il m'a examinée et tout ____________________ (se passer) très bien – et je n'étais plus nerveuse.
Et l'après-midi, Eliane, mes amis et moi, nous ________________________ (se reposer) à la piscine *(Schwimmbad)*. »

Aufgabe 52 Sammle alle Nomen, die dir zu *maison, école* und *vacances* einfallen. Gib jeweils den bestimmten Artikel mit an.

la maison	l'école (f.)	les vacances (f./pl.)
la chambre	*le professeur*	*la mer*

Aufgabe 53 Die Comic-Helden Asterix und Obelix kennst du sicherlich. Doch wer hat sie erfunden? Setze im folgenden Text die richtigen *passé-composé*-Formen ein. Denke auch an die Angleichung bei Verben, die mit *être* konjugiert werden.

Est-ce que tu connais Astérix et Obélix ? Bien sûr ! Mais qui ____________ (écrire) la bande dessinée *(Comic)* et qui ____________ (faire) les dessins ? Entre 1920 et 1930, Albert Uderzo, un garçon français d'une famille italienne, ____________ (lire) sa première bande dessinée : « Mickey Mouse ». Il ____________ (trouver) ces dessins fantastiques et il ____________ (se décider) à dessiner. À l'âge de 14 ans il ____________ (apprendre) à faire ses premiers dessins et depuis il ____________ (ne plus arrêter) de dessiner. Il ____________ (créer) beaucoup de personnages *(Figuren)*, mais ces personnages ____________ (ne jamais devenir) aussi populaires *(beliebt)* qu'Astérix plus tard.

En 1951 René Goscinny ____________ (venir) d'Amérique et il ____________ (rencontrer) Uderzo. Depuis ce jour, les deux hommes ____________ (travailler) ensemble. Goscinny ____________ (écrire) les textes et Uderzo ____________ (faire) les dessins. En 1959 ils ____________ (créer) « Astérix le Gaulois ». Cette bande dessinée ____________ vite ____________ (devenir) un best-seller en France et bientôt les gens en Allemagne, en Angleterre, etc. ____________ (s'intéresser) au petit Astérix, donc on ____________ (écrire) les textes en plus de 40 langues *(Sprachen)*.

En 1977 Goscinny est mort – c'était un choc pour toute la France. Mais Uderzo ____________ (ne pas se reposer). Il ____________ (continuer) le travail et depuis il ____________ (faire) les dessins et les textes. Aujourd'hui il y a 35 titres différents et on ____________ (vendre) des millions de bandes dessinées. On ____________ même ____________ (faire) 12 films !

6.2 Das *imparfait* – *L'imparfait*

Wann verwendest du das *imparfait?*
Das *imparfait* ist wie das *passé composé* eine Zeitform der Vergangenheit.
Es beschreibt **Zustände und gewohnheitsmäßige Handlungen in der Vergangenheit.**
Du verwendest das *imparfait*, wenn etwas „schon und immer noch" passiert ist.
Die genauen Verwendungsregeln findest du auf Seite 70 f.

Wie bildest du das *imparfait?*

- Das *imparfait* wird aus dem Stamm der ersten Person Plural Präsens gebildet, also der *nous*-Form. An diesen Stamm hängt man die Endungen *-ais, -ais, -ait, -ions, -iez, -aient.* Diese Ableitungsregel gilt für fast alle Verben.

travailler *1. Person Plural Präsens:* nous travaillons → imparfait-*Stamm:* travaill-

Singular		*Plural*	
je	travaillais	nous	travaillions
tu	travaillais	vous	travailliez
il	travaillait	ils	travaillaient

finir *1. Person Plural Präsens:* nous finissons → imparfait-*Stamm:* finiss-

Singular		*Plural*	
je	finissais	nous	finissions
tu	finissais	vous	finissiez
il	finissait	ils	finissaient

- Zu den wenigen **Ausnahmen** gehören die Verben *être* und *falloir.*

être *1. Person Plural:* nous sommes, *aber:* imparfait-*Stamm:* ét-

j'	étais	nous	étions
tu	étais	vous	étiez
il	était	ils	étaient

falloir il fallait

- **Beachte** eine Besonderheit in der 1. und 2. Person Plural bei Verben wie *manger* und *commencer.*

manger *1. Person Plural:* nous mangeons → imparfait-*Stamm:* mange-

je	mangeais	nous	mangions
tu	mangeais	vous	mangiez
il	mangeait	ils	mangeaient

commencer *1. Person Plural:* nous commençons → imparfait-*Stamm:* commenç-

je	commençais	nous	commencions
tu	commençais	vous	commenciez
il	commençait	ils	commençaient

So bleibt die Aussprache von g als [ʒ] bzw. von c als [s] erhalten.

Du findest die *imparfait*-Formen wichtiger Verben auch im Anhang (ab S. 149).

Aufgabe 54 François kommt von einem Einkaufsbummel in Straßburg nach Hause zurück und ist wie benommen. Er hat die Frau seines Lebens gesehen. Er beschließt, in der Straßburger Tageszeitung eine Annonce aufzugeben, um die schöne Unbekannte wiederzusehen.
Füge die passenden *imparfait*-Formen in den Anzeigentext ein.

Salut, ma belle. Je t'ai vue à Strasbourg, samedi dernier, à 18 heures. Tu	1 être
__étais__ [1] devant le magasin Galérie Lafayette, et tu ________ [2]	2 attendre
quelqu'un. Tu ________ [3] un manteau noir et des chaussures	3 porter
rouges. Tu ________ [4] les articles des magasins et tu	4 regarder
________ [5] un journal sous ton bras. Mais le plus important – tu	5 avoir
________ [6] si belle !	6 être
Moi, j'________ [7] le bus de l'autre côté de la rue et	7 attendre
j'________ [8] fasciné par tes yeux bruns et tes cheveux noirs.	8 être
Je ________ [9] te parler, mais je ne l'________ [10] pas.	9 vouloir
Je ________ [11] que je n'allais jamais oublier cette fille. Je suis	10 oser
amoureux de toi, sans te connaître. Téléphone-moi.	11 savoir

Aufgabe 55 Die Familie Meunier ist von der kleinen Stadt Nogent nach Paris gezogen. Vieles hat sich verändert. Die Familienmitglieder überlegen, wo es ihnen besser gefällt.
Setze die Verben vom *présent* ins *imparfait.*

MME MEUNIER : Maintenant nous habitons dans un appartement. À Nogent, nous __habitions__ dans une vieille maison.

M. MEUNIER : Et je me lève à six heures le matin. À Nogent, je me ________ à cinq heures.

MME MEUNIER : Ici, on prend le petit déjeuner tous ensemble. À Nogent, je ________ le petit déjeuner seule avec les enfants.

M. MEUNIER : C'est vrai. Ici, les enfants sortent de la maison à 8.30 heures. À Nogent, ils ________ à huit heures.

NICOLE : Mais papa, ici tu travailles plus longtemps. À Nogent, tu ________ jusqu'à quatre heures de l'après-midi, ici jusqu'à six heures ou plus.

M. MEUNIER : Oui, mais voyez, ici je travaille comme conducteur de métro *(U-Bahn-Fahrer)*. C'est très intéressant. À Nogent, je ________________ dans une petite usine.

ANDRE : Pour aller chez grand-mère, il nous faut deux heures maintenant. À Nogent, il nous ______________ dix minutes.

MME MEUNIER : Mais à Paris tu peux aller voir 50 films le soir, et à Nogent, tu ______________ seulement voir un seul film le soir.

NICOLE : Ici, nous ne connaissons pas beaucoup de gens. À Nogent, nous ________________ tout le monde.

ANDRÉ : Eh oui. Ici, à l'école, je ne joue pas au foot. À Nogent, je ________________ tous les jours !

M. MEUNIER : Mais ici tu fais du roller *(Inlineskates fahren)*. À Nogent, tu __________ seulement du vélo.

ANDRE : Oui, la Défense[1] est super pour faire du roller, c'est vrai. Quand même, à Nogent, tout ____________________ mieux !

1 La Défense : modernes Vorortviertel von Paris.

Paris

Nogent

6.3 Wann verwendest du das *passé composé*, wann das *imparfait*? *L'emploi du passé composé et de l'imparfait*

Passé composé und *imparfait* sind Zeitformen der Vergangenheit. Mit ihnen kannst du auf Vergangenes Bezug nehmen. Doch wann verwendest du *passé composé*, wann *imparfait*? **In Hauptsätzen** gelten folgende Verwendungsregeln:

passé composé

- Die Vergangenheit ist zeitlich klar begrenzt.
- Der Sprecher erzählt einmalige (oft plötzlich einsetzende) Handlungen und Geschehnisse oder auch Handlungsketten mit deutlichem Anfang oder Ende.
- Es geht um Ereignisse, die sich im Vordergrund abspielen.
- Hilfsfragen:
  - Was geschah dann?
  - Was passierte einmal?
- Signalwörter: z. B. *hier, l'année dernière, en 1984, puis, ensuite*

imparfait

- Die Vergangenheit ist zeitlich unbegrenzt, oder ihr Anfang und Ende sind unwichtig.
- Der Sprecher beschreibt Zustände, Begleitumstände, gewohnheitsmäßige Handlungen oder auch parallel verlaufende Handlungen ohne zeitliche Begrenzung.
- Es geht um Hintergrundinformationen, um Erklärungen und Kommentare
- Hilfsfragen:
  - Was war schon/immer noch?
  - Wie war es?
  - Was war gerade?
- Signalwörter: z. B. *toujours, jamais*

Beispiele: Nous étions en août 2014. Comme d'habitude nous passions nos vacances en Italie. Mon père aimait la mer et moi, j'adorais le soleil. Il y avait toujours du soleil. Mais le 5 août 2014, tout a changé. Tout à coup il a commencé à pleuvoir, et tout le monde a quitté la plage très vite. J'ai tout de suite fait les valises et le soir on a quitté l'Italie.

Diese Verwendungsregeln gelten auch für **Satzgefüge** aus Haupt- und Nebensatz. Das *imparfait* beschreibt hier oft einen Zustand oder Vorgang, der von einem Ereignis im *passé composé* unterbrochen wird.
Beispiel: Nicole lisait un livre quand son père est rentré à la maison.

- Folgen zwei oder mehrere Handlungen aufeinander, so stehen alle im ***passé composé***.
  Beispiel: Quand elle a vu un monsieur avec un revolver, elle a tout de suite appelé la police.
- Beschreiben Haupt-und Nebensatz hingegen parallel/gleichzeitig verlaufende Handlungen, so stehen beide im ***imparfait***.
  Beispiel: Pendant que Stéphane rentrait à la maison, il pensait à son ami.

Hier noch zwei **Tipps:**

- Da *être* oft Zustände beschreibt, steht es in der Vergangenheit meist im *imparfait*.
  Beispiel: Ta grand-mère était la plus belle fille du village.
- Relativsätze stehen oft im *imparfait*, da sie etwas näher beschreiben.
  Beispiel: Tout à coup il a vu une femme qui voulait traverser la rue.

Aufgabe 56 Setze den Text in die Vergangenheit und verwende entweder *passé composé* oder *imparfait* statt der unterstrichenen Präsensformen.

Ahmed passe les quatre premières années de sa vie au Maroc[1]. C'est un petit garçon qui aime beaucoup sa mère et son père.
À l'âge de quatre ans il quitte le Maroc avec ses parents. Il commence une nouvelle vie à Marseille, en France.
Au début, il est très malheureux. Il ne parle pas le français et donc il ne comprend pas les autres garçons. À la maison on parle arabe, mais Ahmed essaie d'apprendre la nouvelle langue *(Sprache)* le plus vite possible.
Enfin, son père trouve un bon travail et la famille n'est plus aussi pauvre. On déménage dans un appartement plus grand et Ahmed entre à l'école. Il n'a pas de problèmes car *(denn)* il travaille beaucoup et apprend vite les choses. Mais les élèves français n'aiment pas le garçon du Maroc et Ahmed est souvent seul.
Un jour, Miguel, un garçon espagnol entre dans la classe. Il a les mêmes problèmes avec le français qu'Ahmed, donc Ahmed l'aide. Miguel et Ahmed deviennent les meilleurs amis.

1 Le Maroc: Marokko

Aufgabe 57 Schreibe eine Geschichte in der Vergangenheit. Du kannst in der Ich-Form schreiben oder eine Person erfinden, der etwas passiert. Verwende die unten angegebenen Wörter. Die Verben müssen natürlich entsprechend deiner Erzählung angepasst werden.

Mercredi dernier – chien – boulangerie – supermarché – fromage – voir voleur *(Dieb)* – crier – ne pas réagir – voleur : sortir – prendre – appareil photo *(Fotoapparat)* – prendre une photo – le détective du supermarché : « voler – appareil photo ! » – « non ! – voleur : quitter – avoir les photos » – détective : regarder – surpris – connaître le voleur ! – chef du supermarché, M. Talmanier – mettre petit ordinateur – sac

Aufgabe 58 Die Schülerzeitung eines Gymnasiums in Toulouse will einen Artikel über die Sängerin und Schauspielerin Vanessa Paradis veröffentlichen. Ein Schüler, Bastien, schreibt über ihr Leben.

Verfasse den Artikel in vollständigen Sätzen. Achte darauf, die richtige Vergangenheitszeit zu wählen.

1985:	13 ans – sortir son premier tube *(Hit)*: *Joe le taxi* – après: retourner à l'école
1989.	chanteur Serge Gainsbourg – écrire des chansons pour elle – être un succès
1990:	faire son premier film: *Noce Blanche* – être un grand succès
1992:	commencer à travailler avec Lenny Kravitz – depuis ce jour: chanter en anglais – devenir très célèbre *(berühmt)*
1993:	faire sa première tournée/triomphe! – les fans: adorer – jeune femme
1995:	rencontrer Gérard Depardieu – tourner *(drehen)* ensemble le film *Élisa*
1999:	mettre au monde – premier enfant – père: Johnny Depp
2001:	commencer une grande tournée – toute la France – terminer à Montréal au Canada
2004:	chanter en duo avec Charles Aznavour il – fêter – son 80e anniversaire – ce jour-là

ufgabe 59* In dem folgenden Text über Napoleon sind einige Wörter kursiv gedruckt. Diese Wörter hast du noch nicht als Vokabeln gelernt, du kannst sie aber problemlos verstehen, da es im Deutschen oder Englischen ganz ähnliche Wörter gibt. Manchmal musst du sie dir nur laut vorsprechen, dann wird der Sinn klar. Ergänze die Lücken und setze das *passé composé* oder *imparfait* der Verben ein. Denke an eventuelle Angleichungen.

Napoléon Bonaparte (1769–1821) ________________ (être) un homme très important pour l'histoire de la France. Il ________________ (changer) l'*Europe* en très peu de temps. En 1793, à l'âge de 24 ans, il ________________ (être) le *général* le plus jeune de la *Révolution Française*. Il ________________ (être) très intelligent, *discipliné* et *autoritaire* et il ________________ (dormir) très peu. On ________________ (dire) même qu'il ________________ (être) un génie. Il ________________ (donner) aux Français le sentiment *(Gefühl)* d'appartenir *(angehören)* à une « Grande Nation » et les Français ________________ (suivre) cet homme. Ses *armées* (f.) ________________ (gagner) beaucoup de batailles *(Schlacht)* et les soldats ________________ même ________________ (entrer) en *Égypte*. Les gens ________________ (adorer) cet homme. Il ________________ (être) assez petit et donc il ________________ (essayer) toujours de paraître *(erscheinen)* plus grand. Mais Napoléon ________________ (vouloir) un peu trop de choses. Il ________________ (ne pas réussir) à gagner contre le *tsar* de Russie. Sa dernière bataille ________________ (être) la bataille de Waterloo qui ________________ (mettre) fin à sa *carrière*.
Les Français ________________ (aimer) leur Napoléon même quand il ________________ (être) déjà mort et alors, en 1848, son neveu (m., *Neffe*) ________________ (devenir) *président*.

6.4 Das *plus-que-parfait* – *Le plus-que-parfait*

Wann verwendest du das *plus-que-parfait*?
Das *plus-que-parfait* beschreibt vergangene **Vorgänge** oder **Zustände**, die schon **vor** einem **anderen Geschehen in der Vergangenheit stattgefunden** haben und **abgeschlossen** wurden (Vorvergangenheit).

Beispiele: Quand maman est rentrée du travail, Sandrine était au lit. Elle avait fait la cuisine, elle avait rangé sa chambre et elle avait donné à manger au chien. Elle était allée au supermarché et elle avait fait ses devoirs. Maintenant, elle était fatiguée.

Wie bildest du das *plus-que-parfait*?
Das *plus-que-parfait* setzt sich wie das *passé composé* aus zwei Teilen zusammen: aus dem ***imparfait* von *avoir* oder *être* und** dem ***participe passé***. Auch beim *plus-que-parfait* musst du auf die Angleichung des *participe passé* an das Subjekt achten, wenn das Verb mit *être* konjugiert wird.

Beispiel: Elle avait travaillé. Elle était arrivée.

Die **Verneinung** umschließt genau wie beim *passé composé* die konjugierte Form des Verbs, also die Form von *avoir* oder *être*.

Beispiel: Elle n'avait pas travaillé. Elle n'était pas arrivée.

Aufgabe 60 Jean-Paul Gaultier, einer der bekanntesten Modeschöpfer Frankreichs, hat ein anstrengendes Leben. Seine Tage sind voller Termine und Aufgaben, sodass er abends erschöpft ins Bett fällt. Hier ist die Beschreibung einer seiner Tage.
Setze die Verben in Klammern ins *plus-que-parfait*.

Quand M. Gaultier s'est couché hier soir, il __________ (prendre) son petit déjeuner avec une amie. Il __________ (rencontrer) son secrétaire privé et il __________ (discuter) les choses importantes de ce jour. Il __________ (parler) avec son collègue Karl Lagerfeld et il __________ (écrire) une lettre à Heidi Klum. Il __________ (recevoir) un journaliste du magazine *Vogue* et lui __________ (montrer) le château de Versailles.
Il __________ (aller) au bureau pour y parler de la collection d'été. Il __________ (boire) quelque chose avec Luc Besson, un réalisateur de films *(Regisseur)*, et il __________ (manger) un repas excellent dans un restaurant avec sa famille le soir.

Aufgabe 61 Als Fabien gestern von einer Party nach Hause kam, sah sein Zimmer völlig verändert aus. Einige Dinge ärgerten ihn sehr, andere, wie die erledigten Hausaufgaben, waren gar nicht so schlecht. Die beiden Bilder zeigen Fabiens Zimmer vor und nach der Party. Was war während seiner Abwesenheit geschehen? Verwende das *plus-que-parfait* und schreibe mindestens acht Sätze.

On avait dessiné sur ses cahiers.

Quelqu'un avait allumé la lumière.

____

____

____

____

Aufgabe 62* In dieser **Knobelaufgabe** kommen das *passé composé,* das *imparfait* und das *plus-que-parfait* vor.
Marie, Mathilde und Jean-Luc sitzen in Maries Zimmer und unterhalten sich. Sie erinnern sich an eine Feier *(une fête),* als Mathildes Eltern in Urlaub waren und Mathilde ohne deren Erlaubnis in ihrem Haus feierte. Und wer stand mitten in der Feier plötzlich im Wohnzimmer? Herr und Frau Rochelle, Mathildes Eltern, die unerwartet früh zurück waren …
Ergänze die passenden Verbformen.

MARIE : Vous vous souvenez de la fête l'année dernière ? Quand les parents de Mathilde ____________________ (retourner) trop tôt de leurs vacances ?

JEAN-LUC : Vous ____________________ (voir) le visage de son père ? Oh ! là ! là ! Nous ____________________ (danser) et il nous ____________________ (regarder) sans rien dire.

MATHILDE : Et on ____________________ (préparer) si bien la fête ! Jean-Luc ____________________ (acheter) quelque chose à boire et à manger, Marie ____________________ (apporter) la musique, et moi, j'____________________ (décorer) la maison. Et tous les amis ____________________ (venir).

MARIE : Moi, je ____________________ (danser) avec Sébastien quand, tout à coup, ton père ____________________ (ouvrir) la porte. Marcel ____________________ (arrêter) la musique. Après, Mathilde ____________________ (ouvrir) une fenêtre et nous ____________________ (partir).

MATHILDE : Mes parents ____________________ (être) très énervés, parce que je ____________________ (ne rien dire) de la fête. Mais plus tard, dans leur chambre, ils ____________________ (rigoler, *lachen*). Le jour d'après, ma mère ____________________ (raconter) qu'elle ____________________ (faire) la même chose quand elle ____________________ (être) jeune.

Aufgabe 63 Schreibe Tagebucheinträge zu vier Tagen deiner letzten Sommerferien. Verwende dabei die Vergangenheit und schreibe in der Ich- oder in der Wir-Form. Schreibe insgesamt 150–200 Wörter.

7 Das Adverb – *L'adverbe*

Adverbien bestimmen andere Wörter oder ganze Sätze näher. Es gibt ursprüngliche Adverbien (z. B. *ici, demain, déjà, peu, vite*) und abgeleitete Adverbien (z. B. *directement, pratiquement*). Alle Adverbien sind unveränderlich.

Wann verwendest du Adverbien?

Anders als Adjektive, die sich auf ein Nomen oder ein Pronomen beziehen, bestimmen Adverbien Verben, Adjektive, andere Adverbien oder ganze Sätze näher.

Beispiele:	Pierre parle vite.	(nähere Bestimmung des Verbs *parle*)
	Elle est très jolie.	(nähere Bestimmung des Adjektivs *jolie*)
	Pierre parle trop vite.	(nähere Bestimmung des Adverbs *vite*)
	Heureusement, tu es là.	(nähere Bestimmung des Satzes *tu es là*)

Aufgabe 64 In folgender Aufgabe geht es um Menhire – große, geheimnisvolle Steine, die man an verschiedenen Stellen in Frankreich finden kann.
Fülle die Lücken aus, indem du Adjektive oder Adverbien einsetzt.

Les menhirs

Tu connais le ____________ (petit) Astérix et le ____________ (grand) Obélix ? Bien sûr ! Ce sont les deux Gaulois[1] qui font tout ______________ (ensemble) et qui luttent ____________ (toujours) contre les Romains. Mais ils sont quand même __________ (gentil), ces deux hommes __________ (fort) ! Obélix porte ___________ (souvent) une ____________ (grand) pierre *(Stein)* – elle s'appelle menhir. Qu'est-ce que c'est ? – En réalité les Gaulois n'ont ______________ (jamais) porté de menhirs, parce que les menhirs sont beaucoup plus ___________ (vieux). Les menhirs ont été faits 3500–2200 ans ___________ (avant) Jésus-Christ. Avec ces ___________ (grand) menhirs on voulait montrer l'homme dans toute sa grandeur *(in seiner ganzen Größe)* – quelquefois les menhirs montrent des femmes, quelquefois des hommes ______________ (important). En 1888 on a trouvé le ______________ (premier) menhir. Depuis ce temps, on essaie de trouver la réponse *(Antwort)* à la question : « Comment est-ce qu'on a construit ces menhirs et pourquoi est-ce qu'on a fait cela ? » Un jour, on aura peut-être trouvé la réponse.

1 Gaulois: Gallier. Die Gallier lebten ab dem 7. Jahrhundert v. Chr. im heutigen Frankreich. Ab 225 v. Chr. wurden sie von den Römern *(les Romains)* unterworfen.

7.1 Die Stellung der ursprünglichen Adverbien im Satz – *La position de l'adverbe simple dans la phrase*

Adverbien stehen je nach ihrer Bedeutung an verschiedenen Stellen im Satz.

- Am **Anfang oder** am **Ende des Satzes** stehen
  - **Adverbien des Ortes** (*ici, là, là-bas, partout*) und
  - **Adverbien der bestimmten Zeit** (*aujourd'hui, demain, hier, maintenant*).

  Beispiele: Il fait beau ici.
  Maintenant je vais aller à la boulangerie.

- Meist **nach der konjugierten Verbform** stehen
  - **Adverbien der unbestimmten Zeit** (*déjà, encore, longtemps, souvent, toujours, tout de suite*),
  - **Adverbien der Menge** (*assez, beaucoup, moins, peu, plus, trop, très*) und
  - **Adverbien der Art und Weise** (*bien, ensemble, mal, mieux, vite*).

  Beispiele: Nous allons souvent à la piscine.
  J'ai beaucoup mangé.
  Il va vite trouver un hôtel.

Beachte: *Tôt, tard, avant, après* und *ensemble* stehen bei zusammengesetzten Zeiten nach dem *participe passé* oder dem Infinitiv.

Beispiele: Je vais manger tôt.
Nous avions mangé ensemble.

Aufgabe 65 Aurélie hat heute schlechte Laune. Alles geht schief und die Schule nervt sie. Welches Adverb passt in welche Lücke? Setze die Adverbien in die Sätze ein.

tôt – toujours – beaucoup – trop – hier – partout – maintenant – ensemble – demain – longtemps – vite

a) On travaille ____________________.

b) ____________________, j'ai eu une mauvaise note.

c) Ma copine et moi, on ne peut jamais travailler ____________________.

d) ____________________, on va écrire un contrôle de maths.

e) Les leçons durent ____________________.

f) J'ai encore des devoirs à faire. Je dois ____________________ travailler le soir.

g) ____________________ il y a des profs.

h) Je dois me lever ____________________ le matin.

i) À l'école il faut travailler ______________ et il faut travailler ______________.

j) Ouf. ____________________ je suis fatiguée.

Aufgabe 66 Aurélies Klasse plant eine Klassenfahrt nach Straßburg. Die Lehrerin erklärt, was zur Vorbereitung noch alles getan werden muss.
Setze die an der Seite angegebenen Adverbien an der richtigen Stelle im Satz ein.

a)	Nous allons préparer notre visite en France.	aujourd'hui
b)	Il y a des prospectus sur Strasbourg.	ici
c)	Vous cherchez des informations sur la ville.	maintenant
d)	Mélanie et Stéphane, vous travaillez.	ensemble
e)	Prenez vos cahiers.	vite/maintenant
f)	À Strasbourg, il y a des marchés.	là-bas/souvent
g)	Stéphane va nous parler de La Petite France.	demain
h)	Il y a des informations.	partout
i)	Vous pouvez aussi trouver des informations sur Internet.	beaucoup
j)	J'ai téléphoné à un ami de Strasbourg.	hier
k)	Il dit que Strasbourg est intéressant.	très

7.2 Die abgeleiteten Adverbien auf *-ment* – *Les adverbes avec la terminaison -ment*

Wie bildest du abgeleitete Adverbien?
Die meisten Adverbien bildet man, indem man an die **feminine Form des Adjektivs** die **Endung *-ment*** anhängt. Hat ein Adjektiv in Maskulinum und Femininum die gleiche Form, so leitet man das Adverb von dieser Form ab.

	maskulin	*feminin*	*Adverb*
Beispiele:	normal	normale	normalement
	long	longue	longuement
	facile	facile	facilement

gentil/gentille bildet eine Ausnahme: *gentil – gentille – gentiment.*

Beachte:

- Endet ein Adjektiv auf einem **hörbaren Vokal**, so wird das Adjektiv von der maskulinen Form abgeleitet.

	maskulin	*feminin*	*Adverb*
Beispiele:	joli	jolie	joliment
	vrai	vraie	vraiment

  Das einzige Adjektiv, das auf Vokal endet und dennoch von der femininen Form ableitet, ist *gai, gaie* (Adverb *gaiement*).

- Adjektive, die auf *-ent* oder *-ant* enden, bilden ihr Adverb auf *-emment* bzw. *-amment* (Aussprache bei beiden: [ɑ̃]):

	Adjektiv	*Adverb*
Beispiele:	intelligent	intelligemment
	méchant	méchamment

  Beachte: Einige Adverbien werden auf *-ément* (Aussprache: [emɑ̃]) gebildet.

Beispiele:	énorme	énormément
	précis	précisément *(dt. präzise, genau)*
	immense	immensément *(dt. gewaltig, viel)*

Aufgabe 67 Als Familie Meier in Paris ankommt, erwartet sie ein komfortables Hotel. Herr Meier liest erst einmal den Hotelprospekt durch.
Ergänze die abgeleiteten Adverbien. Achtung: ein Adjektiv hat sich eingeschlichen, und Adjektive müssen an das Bezugswort angepasst werden …

Bienvenue à l'hôtel *Chez Maman*. Ici on vous offre ________________ (vrai) beaucoup de choses. Les chambres sont ________________ (joli) décorées *(dekoriert)*, et l'hôtel se trouve ________________ (direct) au centre de la ville. À l'entrée, une jeune femme vous aide ________________ (gentil), donc

__________________ (normal) vous n'aurez pas de problèmes. Vous pouvez lui parler __________________ (facile), parce qu'elle parle français, anglais et allemand. Si vous voulez __________________ (actif) visiter Paris, vous pouvez le faire __________________ (intelligent) : avec notre guide qui est __________________ (énorme) informé sur la ville et l'histoire de la ville. Et vous n'attendrez pas __________________ (long) un taxi – la maison vous offre un taxi avec chauffeur, si vous le désirez. C'est pratique, parce que les rues de Paris sont __________________ (dangereux). Mais pas de problème : Avec Pierre, notre chauffeur, vous pouvez être __________________ (complet) sûr d'arriver. Et maintenant : bon séjour *(Guten Aufenthalt)* à Paris !

fgabe 68* **Knobelaufgabe:** In Vanessas Schule ist nachts eingebrochen worden. Maurice ist heute spät dran und fragt Vanessa, die mit den anderen Schülern draußen vor der Schule wartet, was passiert ist.
Ergänze die Adverbien und – in einigen Fällen – die Adjektive.

MAURICE : Salut Vanessa. Dis-moi __________________ (vite) : Qu'est-ce qui se passe ici ?

VANESSA : __________________ (hier) quelqu'un a __________________ (méchant) ouvert la porte et puis les fenêtres de l'école __________________ (direct) à côté de la porte.

MAURICE : __________________ (vrai) ? Mais __________________ (normal) cela fait __________________ (énorme) de bruit !

VANESSA : C'est vrai. On peut __________________ (difficile) entrer de force *(mit Gewalt)* dans un immeuble sans faire de bruit. Mais la police pense que les criminels ont __________________ (intelligent) ouvert la porte avec une clé.

MAURICE : Avec une clé ? C'est vraiment __________________ (intelligent). Mais qui leur a donné les clés ?

VANESSA : Je ne sais pas. Je suis très __________________ (content), parce qu'il n'y a pas d'école aujourd'hui. Les criminels ont cassé *(kaputtmachen)*

_______________ (énorme) de choses, des tables, des chaises, des portes …

MAURICE : Ils ont _______________ (beaucoup) cassé ? Mais qui va payer pour tout cela ? Les élèves peuvent _______________ (difficile) payer pour cela, ils n'ont pas d'argent …

VANESSA : Je ne sais pas qui va payer pour tout cela, mais les élèves ne vont _______________ (sûr) pas payer ! Nous n'avons pas tout cassé !

MAURICE : Regarde, la police est là. Les policiers ont un _______________ (joli) uniforme . Ah, ils disent aux élèves d'aller _______________ (vite) à la maison. Mais je veux tout voir !

VANESSA : Bien sûr ! Moi aussi. Regarde, notre prof de maths. Il est _______________ (terrible) énervé. Et Mme Martin, la prof d'allemand, lui parle _______________ (gentil). C'est une femme très _______________ (gentil). Les criminels ont aussi cassé les cahiers avec les notes des élèves. C'est vraiment _______________ (amusant).

7.3 Steigerung und Vergleich der Adverbien – *La comparaison des adverbes*

Wie bildest du den Komparativ von Adverbien?

Wie beim Adjektiv (siehe S. 28) bildest du den Komparativ, indem du ***plus, moins, aussi*** vor das Adverb setzt und das Bezugswort des Vergleichs mit ***que*** anschließt.

Beispiele: Fabienne court plus vite que Sandrine.
Sandrine court moins vite que Pascal.
Stéphane court aussi vite que Léonie.

Wie bildest du den Superlativ von Adverbien?

Den Superlativ bildest du, indem du ***le plus, le moins*** vor das Adverb setzt.

Beispiele: Ahmed court le plus vite.
Sandrine court le moins vite.

Beachte: Einige Adverbien haben besondere Steigerungsformen:

- *beaucoup – plus – le plus* (viel – mehr – am meisten)
- *peu – moins – le moins* (wenig – weniger – am wenigsten)
- *bien – mieux – le mieux* (gut – besser – am besten)

Aufgabe 69 An einem *lycée* in Dijon findet ein Sporttag statt. Alle Schüler nehmen teil. Am nächsten Tag hängen am schwarzen Brett die Ergebnisse der besten Sportlerinnen und Sportler.
Bilde Sätze, in denen du die Ergebnisse vergleichst. Du kannst auch den Superlativ verwenden. Nutze folgende Wortangaben:
le saut en longueur – Weitsprung, Verb: *sauter loin*
la course – Rennen, Verb: *courir vite/lentement*
le saut en hauteur – Hochsprung, Verb: *sauter haut*
le football – Fußball, Verb: *jouer mieux, plus mal*

Saut en longueur
Amélie : 4,55 m ; Danièle : 4,25 m; Jean : 5,35 m ; René : 5,35 m

Course (100 m)
Patricia : 13,5 secondes ; Larissa : 14,2 sec. ; Soraya : 14,5 sec. ;
Marc : 12,1 sec. ; Bérénice : 12,8 sec.

Saut en hauteur
Karima : 1,72 m ; Séverine : 1,68 m ; Attilio : 1,80 m ; Marcel : 1,78 m

Football
Équipe « les supermen » : gagné : 4 jeux
Équipe « les stars » : gagné : 3 jeux
Équipe « les sportifs » : gagné : 0 jeux

Amélie saute plus loin que Danièle.

Jean saute ______________________________ que René.

Marc court le ______________________________.

____

____

____

____

____

____

____

____

____

Aufgabe 70 Bilde Vergleiche. Die Pfeile geben an, ob du das Adverb steigern (↑) oder vermindern (↓) sollst. Ein Plus (+) steht für den Superlativ.

a)

Jeanne/courir/vite/Bernard. ↑

____

b)

Simone/se lever/tôt/sa mère. ↓
Son père/se lever/tôt. +

____

____

c)

Mathieu/aller/souvent/cinéma/Bastien. ↓

____

____

d)

M. Lupin/manger/tard/le soir/Mme Lupin. ↑

____

____

e)

Sophie/chanter/bien/Chantal. ↑
Sophie/chanter/bien/classe. +

____

____

f) 

Fabien/manger/beaucoup/
Sébastien. ↑
Laurent/manger/beaucoup/
des trois. +

____

____

g 

Lucile/jouer/mal/foot/
Estéphane. ↑
Yves/mal. +

____

____

h) 

M. Leroc/dormir/peu/la nuit
dernière/Mme Leroc. ↓
Leur fille Dominique/dormir/
peu ... +

____

____

Wie führst du ein Telefongespräch auf Französisch?

Bei einem Telefongespräch gibt bestimmte Situationen, die immer wieder auftauchen. Was sagst du, wenn ...

- ... du dich **am Telefon meldest?**
  « Allô? C'est Marc. »
  « Bonjour madame/monsieur. Ici Marc Delmond. »
- ... du eine **andere Person sprechen** willst?
  « Je voudrais parler à ... / Puis-je parler à ... ? / Est-il possible de parler à ... ? / ..., est-il (est-elle) là ? / Pouvez-vous me passer ... s'il vous plaît ?»
- ... du darum bitten willst, dass jemandem **etwas ausgerichtet** wird?
  « Dites à M. Martin, s'il vous plaît, que ... »
  « Pouvez-vous dire à M. Martin ... »
  « Saluez M. Martin de ma part. »
- ... du dich **verwählt** hast?
  « Oh, excusez-moi. J'ai fait un faux numéro. »

- … du darum bitten willst, dass dein Gesprächspartner das Gesagte **wiederholt?**
  « Pouvez-vous répéter cela ? / Pouvez-vous répéter, s'il vous plaît ? /
  Excusez-moi, je n'ai pas bien entendu, voulez-vous répéter, s'il vous plaît ? /
  Pardon, je n'ai pas bien compris, voulez-vous répéter, s'il vous plaît ? »
- … du darum bitten willst, dass dein Gesprächstpartner **lauter/langsamer** spricht?
  « Pouvez-vous parler plus haut/plus lentement, s'il vous plaît ? »
- … du darum bitten willst, dass dein Gesprächstpartner etwas **buchstabiert?**
  « Pouvez-vous (voulez-vous) épeler, s'il vous plaît ? »
- … du darum bitten willst, dass dein Gesprächspartner (einen Moment) **wartet?**
  « Attendez une seconde/un moment, s'il vous plaît. »
  « Ne quittez pas, … »
- … du dich **verabschiedest?**
  « Au revoir. »
  « À bientôt. »

Beispiel für ein **Gespräch mit einem Freund/einer Freundin:**

– Allô ? Ici Laurélie/C'est Laurélie.
– Ah, bonjour, Laurélie. (Comment) Ça va ?
– Merci bien. Et toi ?
(…)
– Oh, je dois faire mes devoirs maintenant. Je te quitte, à bientôt/à demain.

oder:

– Allô ? Ici Laurélie. Je peux parler à Roger ?
– Roger ? Je ne connais pas de Roger.
– Oh, excusez-moi, madame. J'ai fait un faux numéro.
– Ce n'est rien.

Beispiel für ein **Gespräch mit einer Firma/einem Amt etc.:**

– Bonjour, madame/monsieur. Je voudrais parler à monsieur Delmond, s'il vous plaît. / Pourriez-vous me passer monsieur Delmond, s'il vous plaît ?
– C'est de la part de qui ?
– De Laurélie Delmond.
– Ne quittez pas, je vous le passe.
– Merci.

Aufgabe 71

a) Du rufst deine Freundin Martine an und fragst sie, ob sie die Deutschhausaufgaben zusammen mit dir macht. Schreibe den Telefondialog auf.

b) Dein Vater arbeitet bei FNAC, einem großen Einkaufszentrum für Bücher, CDs, Zeitungen etc. Du möchtest ihn sprechen und bittest darum, mit ihm verbunden zu werden. Schreibe den Telefondialog auf.

… rund um den Satz

8 Der Relativsatz mit *qui, que* und *où* – *La phrase relative avec* qui, que *et* où

Relativsätze sind Nebensätze, die durch ein Relativpronomen (*qui, que, où*) eingeleitet werden. Mit einem Relativsatz kannst du ein Nomen des Hauptsatzes näher bestimmen.

Beispiele: Voilà la fille qui a acheté le chien.
Voilà le monsieur que j'ai vu hier.
Voilà la rue où Michel habite.

Wann verwendest du welches Relativpronomen?

- ***qui*** ist immer Subjekt des Relativsatzes. Du fragst danach mit „wer oder was?"

  Beispiel: Voilà la fille qui a acheté le chien
  Das Relativpronomen *qui* bezieht sich auf *la fille*. Du fragst: „Wer oder was hat den Hund gekauft?" Antwort: *la fille*. *qui* ist hier also Subjekt des Relativsatzes.

- ***que*** ist immer direktes Objekt des Relativsatzes. Du fragst danach meist mit „wen oder was?"

  Beispiel: Voilà le monsieur que j'ai vu hier.
  Das Relativpronomen *que* bezieht sich auf *le monsieur*. Du fragst: „Wen habe ich gestern gesehen?" Antwort: *le monsieur*. *que* ist also (direktes) Objekt des Relativsatzes.

  que wird vor Vokal oder stummem *h* zu *qu'* verkürzt.
  Beispiel: Voilà le monsieur qu'Hélène a vu.

- ***où*** leitet einen Relativsatz ein, der eine örtliche (oder seltener zeitliche) Angabe enthält.

  Beispiele: Voilà la rue où Michel habite.
  L'accident s'est passé le jour où je suis arrivé.

Steht beim Verb eine Präposition, so taucht diese beim Relativpronomen wieder auf.

Beispiele: Voilà le docteur chez qui je travaille. (travailler chez qn)
Mme Leblanc est la dame pour qui je vais au marché le mardi. (aller au marché pour qn)
Sébastien est le garçon à qui j'ai donné le CD. (donner qc à qn)

Aufgabe 72 Bei einem Austausch in Frankreich triffst du Lin, eine Schülerin aus Vietnam, die einige französische Wörter nicht kennt. Du erklärst sie ihr.
Finde die richtigen Enden zu den Satzanfängen.

(1) Un stylo, c'est un instrument…
(2) Un professeur, c'est une personne…
(3) Une piscine, c'est un endroit…
(4) Un programmeur, c'est une personne…
(5) Une mère, c'est une femme…
(6) Une souris, c'est un animal…
(7) Une pharmacie, c'est un magasin…
(8) Le pain, c'est une chose…
(9) Paris, c'est une ville…
(10) Le fauteuil, c'est un meuble…

(a) où vont beaucoup de touristes.
(b) qui travaille avec l'ordinateur.
(c) où on va pour acheter des médicaments.
(d) qui travaille à l'école.
(e) qu'on achète dans une boulangerie.
(f) qu'on trouve dans la salle de séjour.
(g) qu'on prend pour écrire.
(h) qui a un fils ou une fille.
(i) qui est petit et gris.
(j) où on peut nager et jouer dans l'eau.

Aufgabe 73 Die Polizei in Bordeaux hat einen Tipp bekommen, dass ein Bankraub durchgeführt werden soll. Natürlich wird die Bank nun beobachtet. Hier ist der Bericht des Polizisten, der über Funk an seine Kollegen weitergibt, was er sieht. Füge *qui, que* oder *où* in die Lücken ein.

« Salut Bertrand. Je suis maintenant dans la rue ______________ se trouve la banque. J'entre dans la maison ______________ se trouve en face de *(gegenüber)* la banque. J'entre dans l'appartement ______________ j'ai loué *(mieten)* pour tout voir. Je regarde maintenant l'entrée. Je vois une femme ______________ entre et un homme ______________ sort de la banque. La femme regarde l'homme et il sourit. L'homme porte un sac ______________ il donne à la femme. C'est un grand sac __________ est gris. Mais la femme __________ a pris le sac n'entre pas, elle retourne à la voiture __________ elle a garée *(parken)* devant la banque et elle part très vite. Et l'homme ? Je ne sais pas __________ est l'homme ! Il est parti. Ah non, je le vois. C'est l'homme __________ porte maintenant des lunettes de soleil et __________ descend vite la rue. »

Aufgabe 74 In Paris gibt es viele bekannte Cafés. In manchen haben schon einige berühmte Schriftsteller ihren Kaffee getrunken und Zeitung gelesen. Eines dieser Cafés ist das Café *Le Fumoir*, in der Nähe vom *musée du Louvre.* Muriel geht mit ihrer Mutter hin. Die Mutter erklärt ihr alles.
Verbinde die Sätze und verwende dabei Relativpronomen.

a) Voilà le café. Les garçons portent des vêtements très élégants.

Voilà le café où les garçons portent des vêtements très élégants.

b) Voilà une actrice *(Schauspielerin)*. Elle boit un café.

__________.

c) Voilà un monsieur. Le garçon ne l'a pas vu.

__________.

d) Je vois une mère avec son enfant. Ils mangent des croissants.

__________.

e) Voilà une table. Beaucoup d'écrivains *(Schriftsteller)* ont déjà été assis à cette table.

__________.

f) Regarde cette chaise bleue. Ton père l'aime beaucoup.

__________.

g) Là-bas, il y a les journaux. Tout le monde ici peut les lire.

__________.

h) En arrière il y a même une petite librairie. Les gens l'aiment beaucoup.

__________.

i) Dans cette librairie, il y a des milliers de livres. Ils intéressent beaucoup de gens.

____

_______________________________________.

j) Regarde ce garçon. Il apporte un thé pour toi.

____

_______________________________________.

k) C'est un café excellent. Les croissants sont meilleurs que dans le café à côté.

____

_______________________________________.

l) Aujourd'hui il y a toujours des cercles littéraires *(Lesezirkel)*. Ils se rencontrent dans ce café tous les mardis.

_______________________________________.

m) Papa va souvent dans ce café. Il peut bien travailler ici.

_______________________________________.

n) Regarde les photos aux murs. Elles montrent des écrivains et des chanteurs.

_______________________________________.

o) Là-bas tu vois le barman. Il travaille ici depuis trente ans.

_______________________________________.

p) La dame sur cette photo est Edith Piaf, la chanteuse. Ton grand-père l'a rencontrée à Paris en 1935.

_______________________________________.

9 Die Hervorhebung mit *c'est… qui, c'est… que* – *La mise en relief avec* c'est… qui, c'est… que

Wenn du im Französischen einzelne Satzglieder betonen willst, verwendest du *c'est… qui/c'est… que* oder *ce sont… qui/ce sont… que.*

Wann verwendest du *c'est*, wann *ce sont?*
Steht das hervorzuhebende Wort im **Singular**, dann verwendest du ***c'est***, steht es im **Plural**, verwendest du ***ce sont***.

Beispiele: Est-ce que Monique a acheté les fleurs ?
Mais non, c'est papa qui a acheté les fleurs.
Mais non, ce sont Laurent et Ahmed qui ont acheté les fleurs.

Wann verwendest du *c'est… qui*, wann *c'est… que?*
- Zur Hervorhebung des **Subjekts** (Frage: „wer oder was?") verwendest du ***c'est… qui***.
- Zur Hervorhebung des direkten oder des indirekten **Objekts** (Frage: „wen oder was?", „wem?") oder einer **adverbialen Bestimmung** verwendest du ***c'est… que***.

Beispiele: Est-ce que Monique a acheté les fleurs samedi ?
Non, c'est papa qui a acheté les fleurs. (Hervorhebung des Subjekts *papa*.)
Non, c'est la baguette que Monique a achetée. (Hervorhebung des Objekts *la baguette*.)
Non, c'est lundi qu'elle a acheté les fleurs. (Hervorhebung der adverbialen Bestimmung *samedi*.)

Aufgabe 75 Sandrine hat einen Brief bekommen. Natalie, ihre Freundin, ist sehr neugierig und will alles darüber wissen. Sandrine ist seltsam wortkarg…
Setze *qui* oder *que* in die Lücken ein.

a) C'est une lettre d'amour *que* tu caches dans ton sac ? – Oui.
b) C'est un garçon gentil ________ t'a envoyé la lettre ? – Oui.
c) C'est Marcel ________ t'a donné la lettre ? – Non.
d) C'est un garçon ________ tu aimes ? – Oui.
e) C'est un garçon ________ je connais bien ? – Oui.
f) C'est avec un garçon ________ tu as déjà parlé ? – Oui.
g) C'est un garçon ________ nous avons rencontré hier soir ? – Non.
h) C'est un garçon ________ est dans notre classe ? – Non.
i) C'est mon frère ________ a écrit la lettre ?
  – Oui. Laisse-moi tranquille *(Lass mich in Ruhe)* maintenant.
  – Mais écoute, il est bête !

Aufgabe 76 Sandrines Mutter stellt ihr viele Fragen.
Bilde die Fragen mit *c'est… qui/c'est… que, ce sont… qui/ce sont… que.*

a) … ton professeur de maths… ? – Non, Pauline m'a téléphoné.

C'est ton professeur de maths qui a téléphoné ?

b) … papa… ? – Non, Luc a acheté la limonade.

____

c) … tes souris… ? – Non, papa a mangé la baguette.

____

d) … tes cahiers… ? – Non, papa a mis les cahiers de Luc à la poubelle *(Müll)*.

____

e) … tes vêtements… ? – Non, le bébé a jeté les vêtements de grand-mère par terre.

____________________ le bébé a jetés par terre ?

f) … ta montre… ? – Non, la montre de Luc est cassée.

____

g) … tes chaussures… ? – Non, les chaussures de papa sont sales.

____

h) … le gâteau au chocolat… ? – Non, moi j'ai préparé le gâteau au citron. Grand-mère a préparé le gâteau au chocolat.

____

i) … Luc… ? Non, grand-mère a rangé la cuisine.

____

j) … papa… ? Non, moi j'ai fait une promenade avec le chien.

____

k) … ta musique… ? Non, papa n'aime pas la musique de Luc !

____

ufgabe 77* **Knobelaufgabe:** Luc und Sandrine wohnen in Paris. Ins Nachbarhaus zieht eine Familie. Die beiden schauen aus dem Fenster und sehen dem Umzug zu. Übersetze ins Französische, was sie sagen. Verwende dabei Relativsätze.

a) Da ist die Familie, die jetzt nebenan wohnt.

____

b) Schau mal den Papagei *(le perroquet)* an, den das Kind aus dem Auto holt.

____

c) Da ist auch *(voilà)* eine Maus, die Baguette frisst *(manger)*.

____

d) Der Mann, der den Karton trägt, ist M. Leluc.

____

e) Die Frau, die mit Jean-Paul spricht, ist Mme Leluc.

____

f) Wer ist das Mädchen, das ich neben dem Auto sehe?

____

g) Das ist Lucile Leluc, die auch 13 Jahre alt ist, wie wir.

____

h) Siehst du den Karton, in dem die Gitarre *(une guitare)* ist *(se trouver)*?

____

i) Ja. Lucile ist diejenige, die Gitarre spielt.

____

j) Komm. Wir schauen uns das Schlafzimmer an, wo Lucile bald schlafen und arbeiten wird.

____

k) Ich suche Mama, die bestimmt *(sûrement)* den Nachbarn helfen will.

____

l) Ich habe Bonbons, die wir dort *(là-bas)* essen können.

____

10 Die Inversionsfrage – *La phrase interrogative avec inversion*

Neben der Frage mit *est-ce que* und der Intonationsfrage gibt es im Französischen auch die so genannte Inversionsfrage *(la phrase interrogative avec inversion)*.

Beispiele: Est-ce que tu dors ? (*est-ce que*-Frage)
Tu dors ? (Intonationsfrage)
Dors-tu ? (Inversionsfrage)

Wann verwendest du die Inversionsfrage?

Wenn das **Subjekt** eines Fragesatzes **ein Personalpronomen** ist, kann man eine Inversionsfrage bilden. Die Inversionsfrage wird vor allem in der Schriftsprache verwendet.

Beachte: Die Inversionsfrage wird aber in der 1. Person Singular (*je*) nur selten verwendet. Meist bildet man stattdessen eine *est-ce que*- oder eine Intonationsfrage.

Beispiel: Est-ce que je vais au cinéma ? (*est-ce que*-Frage)
Je vais au cinéma ? (Intonationsfrage)

Wie bildest du die Inversionsfrage?

Die Inversionsfrage bildest du, indem du das Subjekt hinter das Verb stellst und mit Bindestrich anschließt.

Beispiele: Vous travaillez ? → Travaillez-vous ?
Quand est-ce que vous venez ? → Quand venez-vous ?

Beachte:

- In der 3. Person Singular wird zwischen Verb und Subjektpronomen ein t eingefügt, wenn die Verbform auf *-a* oder *-e* endet:

  Beispiele: Dort-il ? *aber:* Où va-t-elle ?
  Habites-tu à Paris ? *aber:* Habite-t-elle à Paris ?

- Die Objekt- und Reflexivpronomen sowie *en* und y stehen wie im Aussagesatz vor der konjugierten Verbform oder vor dem Infinitiv, auf den sie sich beziehen.

  Beispiele: Regardez l'homme avec les cheveux bleus ! L'avez-vous vu ?
  Marc est toujours fatigué. Se lève-t-il trop tôt ?
  On va à Nogent. Y a-t-il un hôtel ?
  Sophie a un problème. Veut-elle en parler avec moi ?

Aufgabe 78 Ein Musikgeschäft in Paris hat den Fußballer Thierry Henry für eine Autogrammstunde engagiert. Der Personalleiter M. Duval empfängt ihn. Seine Sekretärin, Mme Tussin, ist sehr aufgeregt, da sie ein Fan des Fußballers ist. Sie versteht alles falsch und muss bei allem nachfragen.
Stelle zu den Aussagen des Personalleiters die Fragen von Mme Tussin. Bilde jeweils eine Intonationsfrage, eine *est-ce que*-Frage und eine Inversionsfrage.

a) (La porte s'ouvre.) M. DUVAL : Il vient.
MME TUSSIN : Il vient ?
Est-ce qu'il vient ?
Vient-il ?

b) M. DUVAL : Nous recevons M. Henry dans mon bureau.
MME TUSSIN : ______ dans votre bureau ?
______ dans votre bureau ?
______ dans votre bureau ?

c) M. DUVAL : (Mireille et Jacques,) vous offrez un apéritif à M. Henry.
MME TUSSIN : ______ ?
______ ?
______ ?

d) M. DUVAL : (Voilà Monique et Hélène.) Elles préparent les autographes *(Autogramme)*.
MME TUSSIN : ______ pour lui ?
______ pour lui ?
______ pour lui ?

e) M. DUVAL : (Chantal,) tu apportes quelque chose à manger pour M. Henry.
MME TUSSIN : ______ pour lui ?
______ pour lui ?
______ pour lui ?

f) M. DUVAL : (Voilà Jacques et Ludovic.) Ils portent votre sac, M. Henry.
MME TUSSIN : ______________________ son sac ?
______________________ son sac ?
______________________ son sac ?

g) M. DUVAL (à Mme Tussin) : Il aime notre magasin.
MME TUSSIN : ______________________ ?
______________________ ?
______________________ ?

h) M. DUVAL : (Oh, les vendeuses !). Elles sont déjà amoureuses de lui !
MME TUSSIN : ______________________ ?
______________________ ?
______________________ ?

i) M. DUVAL : On fait un petit tour pour vous montrer le magasin, M. Henry.
MME TUSSIN : ______________________ lui montrer le magasin ?
______________________ lui montrer le magasin ?
______________________ lui montrer le magasin ?

j) M. DUVAL : Vous pouvez vous asseoir ici pour donner les autographes, M. Henry.
MME TUSSIN : Il ______________________ ?
______________________ ?
______________________ ?

Aufgabe 79 Béatrice ist eine Bekannte von M. Duval. Als sie hört, dass Thierry Henry nach Paris kommt, will sie alles darüber von M. Duval hören.
Forme die Fragen in Inversionsfragen um.

a) BÉATRICE : Est-ce qu'il reste longtemps à Paris ?
Reste-t-il longtemps à Paris ? – Non, juste deux jours.

b) – Est-ce qu'il retourne en Angleterre après ?
______________________ ?
– Oui, il doit jouer au foot.

c) – Est-ce qu'il a une petite amie ?

____ ?

– Écoute, je ne sais pas !

d) – Est-ce qu'il a déjà téléphoné ?

____ ?

– Oui, trois fois.

e) – Est-ce qu'il vient seul ?

____ ?

– Non, il vient avec sa mère.

f) – Est-ce qu'ils s'entendent bien, mère et fils ?

____ ?

– Oui, je pense.

g) – Est-ce que vous pouvez me donner son numéro de téléphone ?

____ ?

– Non, ça ne va pas !

h) – (Je suis à Paris avec Nadine.) Est-ce que nous pouvons rencontrer Thierry Henry ?

____ ?

– Oui, je vais arranger cela.

i) – Super, est-ce que nous allons avoir un autographe alors ?

____ ?

– Bien sûr. Mais je dois travailler maintenant.

Aufgabe 80 Catherines Familie hat ein Au-pair-Mädchen aus Deutschland, das bei ihnen Französisch lernen will. Catherines Großmutter will nun alles über Anja, das deutsche Mädchen, wissen.
Stelle die Fragen der Großmutter. Verwende Inversionsfragen.

Die Großmutter möchte wissen, ...

a) ... ob Anja Französisch spricht. *Parle-t-elle français* ?

b) ... ob sie intelligent ist. _______________ ?

c) ... ob sie aus Berlin kommt. _______________ ?

d) … ob sie hübsch ist. ______________________________ ?

e) … ob sie immer Sauerkraut isst. ______________________________
______________________ la choucroute
tout le temps ?

f) … ob sie Brüder und Schwestern hat. ______________________________ ?

g) … ob sie oft ins Kino geht. ______________________________ ?

h) … ob sie ein Auto hat. ______________________________ ?

i) … ob sie Musik mag. ______________________________ ?

11 Die indirekte Rede und indirekte Frage – *Le discours indirect et l'interrogation indirecte*

Indirekte Rede *(le discours indirect)* und indirekte Frage *(interrogation indirecte)* sind wie direkte Rede und direkte Frage eine Form der Redeerwähnung: Innerhalb einer Äußerung wird eine andere Äußerung erwähnt.

Wann verwendest du indirekte Rede und indirekte Frage?

Wenn du wiedergeben willst, was jemand gesagt oder gefragt hat, verwendest du die indirekte Rede bzw. die indirekte Frage.

Beispiel: Monique : « Je travaille. » (direkte Rede)
Monique dit qu'elle travaille. (indirekte Rede)

Wie bildest du die indirekte Rede?

Die indirekte Rede bildest du aus einem einleitenden Verb wie *dire, raconter, répondre* und einem *que*-Satz.

Beispiel: André : « Je vais t'écrire. » (direkte Rede)
André dit qu'il va m'écrire. (indirekte Rede)

Wenn ein Satz von der direkten in die indirekte Rede umgeformt wird, muss man die Pronomen, das Verb und die Possessivbegleiter an die neue Sprechsituation anpassen. Die Regeln dazu findest du auf der folgenden Seite.

Beachte:

- *que* wird vor Vokal und stummem *h* zu *qu'* verkürzt.
- Merke dir folgende Verben, die häufig die indirekte Rede einleiten: *dire, écrire, expliquer, montrer, oublier, penser, raconter, répéter, répondre, savoir, trouver.*

Wie bildest du die indirekte Frage?

Die indirekte Frage bildest du aus einem Verb des Fragens und einem Fragesatz.
Der Fragesatz wird durch eine Konjunktion eingeleitet, und zwar

- mit *si* (deutsch: *ob*), wenn die Frage eine Entscheidungsfrage war.
  Beispiel: Nadine: « Vous aimez le sport ? » (Entscheidungsfrage; direkte Frage)
  Nadine demande si nous aimons le sport. (indirekte Frage)
- mit dem Fragewort, das auch in der direkten Frage verwendet wurde.
  Beispiel: Paul: « Qui achète le gâteau ? » (Frage mit Fragewort; direkte Frage)
  Paul veut savoir qui achète le gâteau. (indirekte Frage)

Enthält die direkte Frage ein *est-ce que*, so entfällt dies in der indirekten Frage.

Beispiel: Joachim: « Est-ce que tu vas au cinéma ce soir ? »
Joachim demande si tu vas au cinéma ce soir.

Wie bei der direkten Rede muss man Pronomen, Verb und Possessivbegleiter an die neue Sprechsituation anpassen. Hierfür gelten die Regeln auf der folgenden Seite.

Anpassung von Pronomen, Verb und Possessivbegleiter in der indirekten Rede/Frage
In der indirekten Rede/Frage müssen Pronomen, Verb und Possessivbegleiter wie im Deutschen an den neuen Erzählstandpunkt angepasst werden. In der Regel geschieht dies folgendermaßen:

- **Subjektpronomen:**
  je/tu/il, elle → il, elle
  nous/vous/ils, elles → ils, elles

  Beachte, dass mit dem Subjektpronomen auch die Verbform angepasst werden muss.

  Beispiel: Jeanne : « Je prends le bus. »
  Jeanne dit qu'elle prend le bus.

- **direkte Objektpronomen:**
  me/te/le, la → le, la
  nous/vous/les → les

  Beispiel: M. Besson à ses amis : « Je vous attends à l'hôtel. »
  M. Besson dit à ses amis qu'il les attend à l'hôtel.

- **indirekte Objektpronomen:**
  me/te/lui → lui
  nous/vous/leur → leur

  Beispiel: La mère aux enfants : « Je vous donne la clé. »
  La mère dit aux enfants qu'elle leur donne la clé.

- **Possessivbegleiter:**
  mon, ma/ton, ta/son, sa → son, sa
  notre, nos/votre, vos/leur, leurs → leur, leurs

  Beispiel: Yves dit : « Je ne trouve pas mon appareil photo. »
  Yves dit qu'il ne trouve pas son appareil photo.

Vergleich mit dem Deutschen

- Im Französischen steht anders als im Deutschen weder in der indirekten Rede noch in der indirekten Frage ein Komma.

  Beispiel: Jeanne dit qu'elle prend le bus.
  Jeanne sagt, dass sie den Bus nimmt.

- Anders als im Deutschen ist die Wortstellung im Französischen in der indirekten Rede/Frage dieselbe wie in der direkten Rede/Frage.

  Beispiel: Yves : « Je cherche mon appareil photo. »
  Yves dit qu'il cherche son appareil photo.
  Yves: „Ich suche meinen Fotoapparat."
  Yves sagt, dass er seinen Fotoapparat sucht.

Aufgabe 81 Der Bürgermeister *(le maire)* von Rennes, der größten Stadt der Bretagne, lädt jedes Jahr neu zugezogene Familien zum Neujahrsempfang ein. Dieses Jahr ist es die Familie Nörgler, les *Râleur*, die an allem etwas auszusetzen hat. Berichte in der indirekten Rede, was M. Râleur sagt.

a) **Il n'y a plus de vin.**

b) **Le maire parle trop longtemps.**

c) **Les apéritifs sont trop chauds.**

d) **Le maire ne parle pas avec moi.**

e) **Sa femme ne sourit jamais.**

f) **Il n'y a rien à manger.**

g) **Les sandwichs ne sont pas bons.**

h) **Il fait froid parce que les fenêtres sont ouvertes.**

i) **La salle est trop petite pour 50 personnes.**

j) **Nous ne connaissons personne.**

a) M. Râleur dit *qu'il n'y a plus de vin* ____________________.
b) M. Râleur dit ______________________________________.
c) ____.
d) ____.
e) ____.
f) ____.
g) ____.
h) ____.
i) ____.
j) ____.

Aufgabe 82 Aurélie ruft ihre Freundin Marie an. Doch die liegt krank im Bett und kann nicht ans Telefon kommen. Also erzählt die Mutter den beiden jeweils, was die andere sagt und fragt. Ergänze, was die Mutter Marie bzw. Aurélie wiedergibt.

a) AURÉLIE : Bonjour Marie.
MÈRE : *Aurélie dit bonjour.* ______________________________

b) AURÉLIE : Est-ce que Marie est là ?
MÈRE : Aurélie demande si ______________________________.

c) MARIE : Je ne peux pas aller au téléphone. Je suis malade.
MÈRE : Marie dit que ______________________________.

d) AURÉLIE : Mais nous allons écrire une interrogation écrite *(Klassenarbeit)* aujourd'hui.
MÈRE : Aurélie dit que ______________________________.

e) MARIE : Je sais. Je reste quand même à la maison.
MÈRE : Marie dit qu'______________ et qu'______________.

f) AURÉLIE : Je vais le dire au prof.
MÈRE : ______________________________.

g) MARIE : C'est gentil. J'ai mal à la tête.
MÈRE : ______________________________.

h) AURÉLIE : Tu ne viens pas à la fête ce soir ?
MÈRE : ______________________________.

i) MARIE : De quelle fête est-ce que tu parles ?
MÈRE : ______________________________.

j) AURÉLIE : Il y a une fête chez Fabien ce soir.
MÈRE : ______________________________.

k) MARIE : Je vais à l'école. Ça va déjà mieux.
MÈRE : ______________________________.

Aufgabe 83 Koblenz ist Partnerstadt von Nevers. Es finden häufig Besuche zwischen Deutschen und Franzosen statt. Wieder einmal ist eine deutsche Schülergruppe in Nevers angekommen. Alle steigen aus dem Bus. Schüler, Eltern und Lehrer, Deutsche wie Franzosen, alle reden durcheinander. Was sagen sie bzw. was fragen sie?

a) MIRIAM : « Le voyage a été très long. »
Miriam dit que le voyage a été très long.

b) LUTZ: J'ai dormi tout le temps.
Lutz dit qu' ____________________

c) MME DELMOND : Philipp, tu es content d'être enfin arrivé ?
Mme Delmond demande si Philipp est ____________________

d) TABEA : Où est ma valise ?
____

e) DOROTHÉE : Demain nous n'avons pas cours.
____

f) VALÉRIE : Ma mère nous attend dans la voiture.
____

g) HÉLÈNE : Franka, tu as dit ‹ au revoir › à ton prof?
____

h) M. LEROC : J'ai téléphoné à tes parents, Lara.
____

i) BÉRÉNICE : Comment s'appelle ton prof, Tobias ?
____

j) MICHEL : Où est mon père?
____

k) LAURA : Cette place est très belle.
____

l) SASKIA : Je dois chercher le conducteur du car *(Busfahrer)* !
____

m) DANIELA : Je ne veux pas rester !
____

n) JULIA : On va au cinéma ce soir ?

____

o) JULIE : J'ai quatre chiens et deux chats.

____

Aufgabe 84 Nach ein paar Tagen treffen sich die Schüler alle mit der französischen Lehrerin Mme Sentine. Da sie sehr schnell spricht, versteht Daniel nicht alles. Lucien, sein französischer Partner, wiederholt daher alles noch einmal langsam. Was sagt Lucien, der in der indirekten Rede die Fragen von Mme Sentine für Daniel wiederholt?

Les questions de Mme Sentine :

a) « Vous parlez français ? »
Mme Sentine demande si vous parlez français.

b) « Vous avez des problèmes ? »

____.

c) « Comment est-ce que vous allez ? »

____.

d) « Vous aimez les repas ? »

____.

e) « Vos familles sont gentilles ? »

____.

f) « Vous avez un dictionnaire ? »

____.

g) « Vous dormez bien ? »

____.

h) « Qui prépare vos repas ? »

____.

i) « Où est-ce que vous dormez ? »

____.

j) « Combien d'argent est-ce que vous avez ? »

____.

Aufgabe 85 Martines Großeltern machen Urlaub im Loiretal und besuchen dort die Loireschlösser. Bald kommt ein Brief vom Großvater. Martine liest ihn zuerst, aber ihr Bruder André-Claude will natürlich wissen, was der Opa schreibt.
Lies den Brief des Großvaters und schreibe ihn dann in indirekter Rede auf, so wie ihn Martine ihrem Bruder wiedergibt. Statt *dire* oder *demander* kannst du an passenden Stellen als einleitende Verben auch *écrire, expliquer* oder *raconter* verwenden.

> Chers tous, Blois, le 5 mai 2014
>
> nous sommes maintenant au pays de la Loire. Nous avons déjà visité beaucoup de châteaux (Schlösser). Ils sont très beaux et très grands. J'aime surtout Chambord et Blois, deux châteaux magnifiques. À Chambord un monsieur nous a expliqué comment on vivait au Moyen Age (Mittelalter). Vous savez comment ils vivaient? Je vous ai acheté un livre. Dans ce livre on vous explique tout. Comment est-ce que vous allez? André-Claude est toujours malade? Grand-mère va très bien. Elle préfère les châteaux d'Amboise et de Chenonceaux. Nous allons les visiter demain.
>
> À bientôt, grand-père Pierre

Grand-père écrit qu'ils sont maintenant au pays de la Loire. Il explique qu'ils ont déjà ____________________

____

____

____

____

____

____

____

Aufgabe 86 Die Großeltern sind aus dem Urlaub zurück und erzählen viel. Doch André-Claude und Martine haben fast den Eindruck, die beiden hätten gar nicht gemeinsam Urlaub gemacht, so unterschiedlich sind die Berichte.
Schau dir die unterschiedlichen Berichte an und gebe dann wieder, was Großvater und Großmutter von ein und derselben Sache erzählen.

	Grand-père	Grand-mère
a)	« Il a toujours fait très beau. »	« Il y a eu beaucoup de pluie. »
b)	« J'aime tous les châteaux. »	« Amboise et Chenonceaux sont beaux, je n'aime pas le reste. »
c)	« Les hôtels sont très confortables. »	« Quelques hôtels sont vieux et trop chers. »
d)	« Les restaurants dans le pays de la Loire sont magnifiques. »	« Nous avons souvent mangé des sandwichs parce que les restaurants étaient trop chers. »
e)	« Les vacances sont toujours trop courtes. »	« Je suis contente d'être à la maison. »

a) Grand-père dit qu'il a toujours fait très beau.
Grand-mère dit qu'______________________________.

b) Grand-père dit ______________________________.
Grand-mère dit ______________________________.

c) ______________________________.
______________________________.

d) ______________________________.
______________________________.

e) ______________________________.
______________________________.

12 *ce qui* und *ce que*

Wann verwendest du *ce qui* und *ce que*?
In der indirekten Frage gibt man wieder, was eine andere Person gefragt hat. Bei Fragen nach Personen verwendet man in der indirekten Frage *qui* (siehe S. 99).Wenn es sich um **nicht um Personen** handelt, so verwendet man ***ce qui*** oder ***ce que:***

- ***ce qui*** verwendest du als **Subjekt** (Frage: „wer oder was?").

  Beispiel: « Qu'est-ce qui se passe? » (direkte Frage)
  Lucile demande ce qui se passe. (indirekte Frage)

- ***ce que*** verwendest du als **Objekt** (Frage: „wen oder was?").

  Beispiel: « Qu'est-ce que Pierre fait? » (direkte Frage)
  Lucile demande ce que Pierre fait. (indirekte Frage)

Vor vokalisch anlautenden Wörtern wird *ce que* zu *ce qu'* verkürzt, *ce qui* wird nie verändert.

Beispiel: « Qu'est-ce qu'il fait? » (direkte Frage)
Lucile demande ce qu'il fait. (indirekte Frage)

- ***ce qui*** und ***ce que*** werden auch **als Relativpronomen** verwendet und zwar dann, wenn wir im Deutschen das Relativpronomen „was" verwenden. Auch hier ist *ce qui* Subjekt und *ce que* Objekt.

  Beispiele: Isabelle a vu ce qui s'est passé.
  Isabelle hat gesehen, was passiert ist. („wer oder was?")
  Marc explique ce que tu as fait hier.
  Marc erklärt, was du gestern gemacht hast. („wen oder was?")

Aufgabe 87 Abbé Pierre (*1912; †2007) ist ein in Frankreich sehr bekannter Mann. Er gründete 1949 die erste *communauté Emmaüs*, von denen es heute mehr als 300 gibt. Diese Gemeinschaften helfen Obdachlosen, indem sie ihnen Arbeit geben. Die ehemaligen Obdachlosen recyceln Papier und Metall, restaurieren Möbel oder richten alte Kleider. Berühmt wurde Abbé Pierre, als er im besonders kalten Winter des Jahres 1954 eine Radioansprache hielt und die Franzosen zur Solidarität mit den Obdachlosen aufrief, von denen einige schon erfroren waren. Die Franzosen halfen engagiert und großzügig.
Du hörst zusammen mit deinem französischen Austauschpartner ein älteres Interview, in dem Abbé Pierre interviewt wird. Der Interviewer spricht sehr schnell, daher wiederholt dein Freund die Fragen für dich.

a) « Qu'est-ce qui s'est passé en 1954 ? »
Le journaliste demande ce qui s'est passé en 1954 ____________.

b) « Qu'est-ce que les journalistes de la radio ont dit quand vous êtes arrivé pour vous adresser *(sich wenden an)* à la France ? »
Le journaliste veut savoir ________________ les journalistes de la radio ont dit quand l'Abbé Pierre est arrivé pour s'adresser à la France.

c) « Qu'est-ce que les gens ont donné aux pauvres *(Armen)* en 1954 ? »
Le journaliste demande ________________ les gens ont donné aux pauvres en 1954.

d) « Qui est-ce qui vous a aidé le plus en 1954 : les gens pauvres ou les gens riches ? »
Le journaliste demande ________________ l'a aidé ____________________
____.

e) « Qu'est-ce que vous vendez à la communauté *(Gemeinschaft)* d'Emmaüs ? »
Le journaliste veut savoir ______________________________________
____.

f) « Qui est-ce qui vous a aidé à organiser Emmaüs ? »
Le journaliste demande ____
____.

g) « Qu'est-ce que vous avez fait en 1994 ? »
Le journaliste veut savoir ________________ vous avez fait en 1994.

h) « Qu'est-ce qui vous intéresse dans votre vie privée ? »
Le journaliste demande ____
____.

i) « Qu'est-ce que vous proposez aux jeunes d'aujourd'hui pour avoir une bonne vie ? »
Le journaliste demande ____
____.

j) « Qu'est-ce qui a été le moment le plus important dans votre vie ? »
Le journaliste demande ____
____.

Aufgabe 88 Stéphanes Eltern wollen sich scheiden lassen. Seine Mutter bleibt in Paris, der Vater will nach Lyon ziehen. Stéphane muss sich entscheiden, bei wem er bleiben möchte. Er stellt sich viele Fragen.
Forme die direkten in indirekte Fragen um. Denke daran, dass die indirekten Fragen in der 3. Person sind, du also Pronomen und Verben ändern musst.

a) Qu'est-ce qui se passe ?
Stéphane se demande ce qui se passe ______.

b) Qu'est-ce que je vais faire maintenant ?
Stéphane se demande ______.

c) Qui est-ce que je vais voir le week-end ?
______.

d) Qui va être avec moi pendant la semaine ?
______.

e) Qu'est-ce que je vais raconter à mes amis ?
______.

f) Qu'est-ce qui m'intéresse le plus, la vie avec papa ou la vie avec maman ?
______.

g) Qui est-ce qui va me donner mon argent de poche ?
______.

h) Qu'est-ce que je vais faire avec mon chien ?
______.

i) Qu'est-ce que ma sœur va faire ?
______.

j) Qu'est-ce que je vais dire à papa pour expliquer que je veux vivre avec maman ?
______.

Aufgabe 89* Abbé Pierre berichtet einem Journalisten von seiner Arbeit.
Übersetze die deutschen Sätze ins Französische. Verwende dabei *ce qui/ce que*.

a) Abbé Pierre erklärt, was 1954 passiert *(se passer)* ist.

____

b) Abbé Pierre erklärt, was die Leute von *(de)* Emmaüs machen.

____

c) Abbé Pierre erzählt, was ihm in seinem Leben am meisten geholfen hat.

____

d) Der Journalist erklärt, was ihn interessiert.

____

e) Abbé Pierre erzählt, was die Franzosen den Armen gegeben haben *(donner quelque chose à quelqu'un)*.

____

f) Abbé Pierre erklärt, was er 1954 den Leuten gesagt hat *(dire quelque chose à quelqu'un)*.

____

g) Abbé Pierre erzählt, was er heute macht.

____

h) Abbé Pierre erklärt, was er macht, wenn *(quand)* die Leute Arbeit *(du travail)* suchen.

____

i) Der Journalist fragt, was Abbé Pierre in seiner Freizeit *(le libre temps)* macht.

____

j) Abbé Pierre erzählt, was er den Arbeitslosen *(le chômeur)* anbietet *(proposer qc à qn)* sind.

____

k) Abbé Pierre erzählt, was er gedacht und getan hat, als er ein junger Mann war.

____

13 Fragen mit *qui est-ce qui, qui est-ce que, qu'est-ce qui, qu'est-ce que*

Satzteilfragen sind Fragen mit Fragewort, die nach einem bestimmten Teil des Satzes fragen. Zu ihnen zählen auch die Fragen mit *qui* oder *que*. Es gibt bei der Fragestellung mit *qui* oder *que* vier Fragetypen.

Beispiele: Qui (est-ce qui) va au cinéma ? Qu'est-ce qui se passe ?
Qui est-ce que tu connais ? Qu'est-ce que tu fais ?

Wann verwendest du welchen Fragetyp?

- Mit ***qui est-ce qui*** und ***qui est-ce que*** fragst du nach **Personen:**
  - Mit *qui est-ce qui* fragst du nach dem Subjekt („wer oder was?").
    Beispiel: Qui est-ce qui a mangé tout le gâteau ?
  - Mit *qui est-ce que* fragst du nach dem direkten Objekt (meist „wen oder was?")
    Beispiel: Qui est-ce que tu as vu dans la rue ?
- Mit ***qu'est-ce qui*** und ***qu'est-ce que*** fragst du nach **Sachen:**
  - Mit *qu'est-ce qui* fragst du nach dem Subjekt („wer oder was?").
    Beispiel: Qu'est-ce qui te manque ?
  - Mit *qu'est-ce que* fragst du nach dem direkten Objekt (meist „wen oder was?").
    Beispiel: Qu'est- ce que tu as acheté ?

Mithilfe dieser schematischen Darstellung kannst du dir das leicht merken:

Frage nach …				Frage nach …
Person	**Qui**	est-ce	***qui***	Subjekt („wer oder was ?")
Sache	**Qu'**	est-ce	***que***	dir. Objekt („wen oder was ?")

ufgabe 90 Vervollständige die Lücken mit dem richtigen Fragetyp. Kannst du einige der Fragen auch richtig beantworten?

a) ______ est-ce qui a gagné la Coupe du Monde en 1998 ?

b) ______ est-ce que c'est, une aubergine ?

c) ______ est-ce qui a chanté « Je ne regrette rien », Edith Piaf ou Jacques Brel ?

d) ______ est-ce qui intéressait Claude Monet, la littérature ou la peinture *(Malerei)* ?

e) ______ est-ce que Napoléon a épousé *(geheiratet)*, Joséphine ou Jeanne d'Arc ?

f) ______ est-ce qui est le druide chez Astérix et Obélix ?

g) ______ est-ce qui n'est pas un comédien, Pierre Richard, Jean Paul Belmondo ou Jacques Chirac ?

Aufgabe 91 Schaue dir folgende Bildergeschichte an. Sie zeigt eine typische Situation in Martines Familie. Dann lies die zu den Bildern passenden Fragen und überlege, ob nach einer Person *(= qui)* oder nach einer Sache *(= que)* gefragt wird.

« Nous allons au théâtre. Martine, fais la vaisselle, s'il te plaît. »

André : « Je vais faire mes devoirs. La vaisselle, c'est pour toi. »

« André, c'est pour toi ! »

« Un match de foot demain? Je vais faire la vaisselle aujourd'hui et demain je peux voir le match. »

a) Qui est-ce qui sort ? – Les parents.
b) _____ est-ce que les parents vont faire ? – Ils vont aller au théâtre.
c) _____ est-ce qui a fait la vaisselle hier ? – André.
d) _____ est-ce qui doit faire la vaisselle aujourd'hui ? – Martine.
e) _____ est-ce que Martine fait ? – Elle regarde la télé.
f) _____ est-ce qu'on voit dans la porte ? – André.
g) _____ est-ce qu'André va faire ? Ses devoirs.
h) _____ est-ce qui est au téléphone ? – Martine.
i) _____ est-ce que Martine appelle ? – André.
j) _____ est-ce qu'il y aura demain ? – Un match de football.
k) _____ est-ce qu'André va faire aujourd'hui ? – La vaisselle.
l) _____ est-ce qu'André peut voir demain ? – Le match.
m) _____ est-ce qui n'intéresse pas André ? – Le tennis.

fgabe 92 Lies folgenden Psychotest durch, ergänze die Fragestellung und beantworte den Test für dich. Zähle anschließend, welchen Buchstaben du am häufigsten angekreuzt hast. Unter der Übung steht das Ergebnis.

Est-ce que tu es un bon ami ?

❶ Ton ami/e veut aller au cinéma le soir. À la télé il y a ton programme préféré. – Qu'est-ce _que_ tu fais ?

A Je vais au cinéma avec mon ami.
B Je regarde mon programme préféré.
C J'invite mon ami/e à regarder le programme avec moi.

❷ Des copains de ta classe te racontent que ton ami/e a volé de l'argent. Ton ami dit que ce n'est pas vrai. – Qui est-ce _____ dit la vérité ?

A Mon ami/e. Il/elle dit toujours la vérité.
B Les copains. Ils sont quand-même plusieurs.
C Je ne sais pas. Il faut attendre et chercher des preuves (*Beweise*).

❸ Le prof demande qui va l'aider à préparer un texte sur l'Amérique. Ton ami/e n'aime pas écrire des texes mais il/elle veut une bonne note. – Qui est-ce _____ va aider le prof?

A Moi et après je vais donner le texte à mon ami/e qui ne sait pas bien écrire des textes.
B Moi. Je veux aussi une bonne note.
C Mon ami/e. Il/elle veut une bonne note, donc il faut profiter de la situation.

❹ Ta mère ne veut pas que tu rencontres ton ami/e parce qu'elle ne l'aime pas. – Qu'est-ce _____ tu fais ?

A Je rencontre mon ami/e. Je ne suis plus un bébé et je choisis moi-même mes copains.
B Je fais ce que veut ma mère.
C Je rencontre mon ami/e et je ne le dis pas à ma mère.

❺ La fille la plus populaire (*beliebt*) de ta classe dit que ton pantalon est ridicule (*lächerlich*). Ton ami/e aime le pantalon. – Qu'est-ce _____ tu penses ?

A Mon ami/e aime le pantalon, donc je l'aime aussi.
B Je veux être plus populaire aussi, donc je ne vais plus porter ce pantalon.
C Les autres ne m'intéressent pas. Je porte ce que je veux.

❻ Un copain veut jouer au foot avec toi mais il ne veut pas jouer avec ton ami/e. Plus tard, ton ami/e demande aussi si tu veux jouer au foot. Qu'est-ce _____ t'intéresse plus ?

A Je vais jouer au foot avec mon ami/e.
B Je vais jouer au foot avec le copain.
C J'invite les deux.

❼ Tu es amoureux/-se. La fille/le garçon veut aller à la piscine avec toi cet après-midi. Mais tu es invité/e à l'anniversaire de ton ami/e. – Qu'est-ce _____ est plus important ?

A Ton ami.
B La fille/ le garçon.
C Tu invites la fille/le garçon à l'anniversaire.

- **Une majorité de A :** Tu es vraiment un bon ami. Mais quelque fois c'est un peu trop. Tu dois aussi penser à toi-même *(an dich selbst)* !
- **Une majorité de B :** Tu es un peu égoïste. Tu vas peut-être perdre ton ami.
- **Une majorité de C :** Tu essaies de trouver des compromis *(Kompromisse)*. C'est bien, mais quelquefois il faut se décider.

Aufgabe 93 Martine macht eine Umfrage für ihre Schülerzeitung und will einiges über die Meinungen, das Freizeitverhalten etc. ihrer Mitschülerinnen und Mitschüler herausfinden. Sie erstellt einen Fragebogen, den viele Schüler ausfüllen. Ergänze die Fragen. Beantworte sie dann auch für dich.

a) *Qu'est-ce que* tu préfères : la musique ou le sport ?
Je préfère la musique.

b) _______________ range ta chambre ? Toi ou tes parents ?
____.

c) _______________ t'intéresse à l'école ?
____.

d) _______________ tu préfères au football ? L'Olympique Lyon ou l'AS Monaco ?
____.

e) _______________ tu manges le matin ?
____.

f) ______________ tu vas faire ce week-end ?

____.

g) ______________ travaille le plus, toi ou ton ami ?

____.

h) ______________ tu aimes mieux ? Le volley-ball ou le football ?

____.

i) ______________ est le plus sévère *(streng)* ? Ton père ou ta mère ?

____.

j) ______________ tu invites pour ton anniversaire ? Les amis ou la famille ?

____.

k) ______________ t'énerve plus ? Les profs ou les parents ?

____.

l) ______________ tu admires plus ? Les stars (f.) du sport ou les stars de la musique ?

____.

m) ______________ est le plus ennuyeux *(langweilig)* ? L'école ou les devoirs ?

____.

n) ______________ tu fais après l'école ? Tu fais tes devoirs, tu dors ou tu manges quelque chose ?

____.

o) ______________ s'intéresse le plus à tes problèmes ? Ta mère ou ton père ?

____.

p) ______________ tu fais quand tu as une mauvaise note ?

____.

q) ______________ tu préfères à la télé ? Les films français ou les films américains ?

____.

r) ______________ tu préfères pour t'accompagner *(begleiten)* au cinéma ? Un garçon ou une fille ?

____.

Aufgabe 94 Schau dir die folgende Szene im Supermarkt an. Wer sagt was? Ergänze die Fragen und ordne Fragen und Antworten in den Kästen den Personen zu, indem du jeweils die passende Nummer einträgst.

1	« Est-ce que vous acceptez des chèques ? »
	« _____ est-ce que c'est ? »
	« Oh, _____ est-ce, là, à la télé ? »
	« Mais qu'est-ce _____ tu fais ? »
	« Alors, qu'est-ce _____ tu veux ? »
	« Oui, bien sûr. Cela fait 55 euros. »
	« Je joue avec les pommes. C'est super ! »
	« C'est un Camembert de Normandie. »
	« Prenons un vin rouge. »
	« C'est Sophie Marceau, l'actrice. »

gabe 95* **Knobelaufgabe:** Youssou N'Dour ist ein bekannter afrikanischer Sänger aus dem Senegal. Das Land war früher französische Kolonie, deshalb ist die offizielle Landessprache dort noch immer Französisch. Die Alltagssprache hingegen ist Wolof. N'Dour singt in seiner Landessprache, aber auch in Französisch und Englisch. Er ist in Frankreich sehr beliebt und hat auch schon in Deutschland Konzerte gegeben.
Hier findest du die Antworten, die Youssou N'Dour bei einem Interview gegeben hat. Stelle die dazugehörigen Fragen.

a) *Tu t'appelles comment ? / Comment est-ce que tu t'appelles* ?
Je m'appelle Youssou N'Dour.

b) ______________________________ ?
Je viens du Sénégal.

c) ______________________________ ?
J'ai 55 ans.

d) ______________________________ ?
Je suis chanteur.

e) ______________________________ ?
Les gens au Sénégal écoutent ma musique, mais aussi les Français.

f) ______________________________ ?
Non, je chante aussi en anglais et en wolof.

g) ______________________________ ?
Je suis devenu chanteur parce que j'aime la musique. Je parle aux gens dans ma musique.

h) ______________________________ ?
Mon dernier album s'appelle *I bring what i love.*

i) ______________________________ ?
Au Sénégal on parle français et wolof.

j) ______________________________ ?
La capitale du Sénégal s'appelle Dakar.

k) ____?
J'habite à Dakar.

l) ____?
À Dakar, les deux grands marchés me plaisent, le Marché Kermel et le Marché Sandaga.

m) ____?
Le dimanche je quitte souvent Dakar et je visite les petits villages sénégalais avec les petites maisons traditionnelles.

n) ____?
Le Sénégal se trouve dans l'ouest de l'Afrique.

o) ____?
Oui. Je vais chanter en France le 10 octobre – à Paris.

p) ____?
Oui, il y a encore des tickets pour mon concert.

q) ____?
J'aime beaucoup la France, mais je préfère le Sénégal.

r) ____?
Oui, je connais aussi l'Allemagne. C'est un très beau pays.

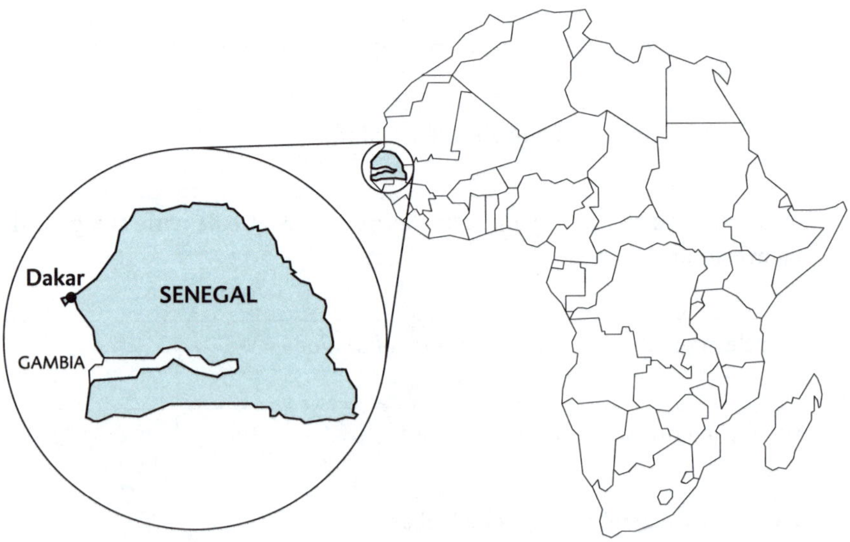

14 Die Konjunktionen – *Les conjonctions*

Konjunktionen sind unveränderliche Bindewörter, mit denen du zwei Satzteile (*Anne et Michel*) oder auch zwei Sätze (*Anne est dans la cuisine et Michel est dans la salle de séjour*) verbinden kannst. Beispiele:

car	denn	*mais*	aber	*quand*	als
comme	da, weil	*ou*	oder	*que*	dass
donc	also	*parce que*	weil	*si*	wenn/falls *oder* ob
et	und	*pendant que*	während		

Aufgabe 96 Michel aus Calais ist 14 und spielt sehr gut Tennis. Die örtliche Zeitung lädt ihn deshalb ein, sich den Lesern vorzustellen.
Hier nun findest du, was Michel von sich erzählt. Verbinde die Sätze mit den in Klammern angegebenen Konjunktionen.

a) J'aime bien le tennis. J'aime aussi le ping-pong. (et)
J'aime bien le tennis et j'aime aussi le ping-pong.

b) Ma mère joue au tennis. Mon père ne joue pas. (mais)
______________________________.

c) Mon grand-père m'a acheté ma première raquette *(Schläger)*. J'ai fêté mon 5e anniversaire. (quand)
______________________________.

d) La raquette était très belle. Je jouais beaucoup. (donc)
______________________________.

e) J'apprenais beaucoup. J'avais un bon entraîneur *(Trainer)*. (parce que)
______________________________.

f) Mes parents me payaient un professeur privé *(privat)*. Je jouais chaque jour. (comme)
______________________________.

g) Mon grand-père me regardait toujours. Je m'entraînais. (pendant que)
______________________________.

h) Quand il y avait un match, ma mère m'y conduisait. Mon père prenait le train avec moi. (ou)
______________________________.

i) Le tennis, c'est dur. Je ne sais pas. Mes enfants vont aussi faire du tennis. (donc, si)

____.

j) Maintenant je joue moins. Je dois travailler beaucoup pour l'école. (car)

____.

Aufgabe 97 Muriel aus Paris hat eine deutsche Freundin, Daniela, mit der sie einmal pro Woche chattet. Hier ist ihr Chat von der ersten Aprilwoche.
Entscheide, welche Konjunktion in welche Lücke passt. Wiederholungen sind möglich.

> Salut Daniela. Comment est-ce que tu vas ? Je n'ai pas pu chatter la semaine dernière *car/parce que* c'était l'anniversaire de ma mère. On a fait beaucoup de gâteaux, ______________ j'ai aidé. La fête était super ______________ le soir j'étais fatiguée !

> Salut Muriel. Je vais très bien ______________ j'ai eu une bonne note en maths aujourd'hui ! Je t'ai déjà raconté ______________ je ne suis pas très bonne en maths, ______________ c'est super !

> C'est extra *(super)* ! Est-ce que tes parents te donnent de l'argent pour une bonne note ______________ est-ce qu'ils ne te donnent rien ?

> Si, si. Mes parents me donnent 2 euros ______________ ma grand-mère me donne 3 euros. Elle me donne même 4 euros ______________ c'est une matière importante. ______________ c'étaient les maths, j'ai eu 6 euros.

Aujourd'hui c'est le 1er avril. Est-ce qu'on fait des blagues *(Scherze)* aux autres en France ______________ est-ce un jour normal ?

Oh, chez nous on fait beaucoup de blagues. À l'école nous collons *(kleben)* des poissons en papier sur le pullover des amis ________________ ils travaillent. Et dans les journaux il y a beaucoup de blagues. Les journalistes se demandent alors ______________ les gens comprennent que c'est une blague !

C'est la même chose en Allemagne ______________ nous ne collons pas de poissons sur les pullovers. Nous collons des papiers avec, par exemple, « Je suis bête » sur les pullovers des autres __________________ ils ne regardent pas. Ce matin, mon amie a collé « J'aime bien Alexander » sur mon pullover ______________ j'aime bien ce garçon. Ce n'était pas gentil ____________ maintenant tout le monde le sait !

Oui, oui, les amies... Qu'est-ce que tu vas faire ce soir ? Moi, je vais aller au cinéma ________________ mon frère fait la vaisselle... Mon frère est très bête __________________ il est aussi très paresseux ! Et ta sœur ? Est-ce qu'elle est gentille ________________ est-ce qu'elle est méchante *(gemein)* ?

Karolin ? Oh, ça va, elle est gentille.

Je dois faire mes devoirs maintenant...

À bientôt !

À bientôt et bonne chance *(viel Glück)* avec Alexander !

Aufgabe 98 Martine steht bedrückt vor ihrem Englischlehrer M. Dujardin. Sie hat die Hausaufgaben nicht gemacht und versucht nun wortreich, ihrem Lehrer den Grund hierfür zu erklären. Setze die richtigen Konjunktionen in die Lücken ein.

« Excusez-moi, M. Dujardin, ____________________ je n'ai pas fait mes devoirs ______________ mon chien Rufus a mangé mon cahier. Vous savez, il est très jeune __________________ il est dans notre famille depuis la semaine dernière. _________________ il est venu, ma mère était très énervée, __________________ il a tout mangé. Même mon père, un homme très calme *(ruhig)*, a dit ________________ cela ne va pas. Il a dit : « Il faut rendre le chien ________________ il n'arrête pas de manger tout. » Rufus a regardé mon père ________________________ il n'a pas changé. Mais papa ne va pas le rendre __________________ Rufus est si mignon *(süß)* ! Papa va peut-être l'entraîner *(trainieren)* ____________________ il va payer un entraîneur *(Trainer)*. Hier, Rufus a mangé mon cahier d'anglais ______________________ je téléphonais, __________________________________ aujourd'hui je n'ai pas mes devoirs. __________________ j'ai téléphoné pendant une heure, Rufus a eu beaucoup de temps pour tout manger ! Est-ce que vous comprenez mon problème, M. Dujardin ? »

« Assez – et maintenant travaille. Je vais téléphoner ton père _______________ lui demander ________________ ton histoire est vraie ! »

15 Die Präpositionen – *Les prépositions*

Präpositionen sind unveränderliche Wörter, die einen Bezug zwischen anderen Wörtern oder Wortgruppen herstellen. Präpositionen stehen oft vor einem Nomen oder einem Pronomen.

Wann verwendest du Präpositionen?

Präpositionen verwendest du, wenn du ein bestimmtes Verhältnis ausdrücken möchtest, z. B.

- ein Verhältnis der Zeit,
  Beispiel: L'école commence à huit heures.
- ein Verhältnis des Raumes oder der Richtung
  Beispiel: Je viens de Paris.
- oder ein modales Verhältnis (Verhältnis der Art und Weise)
  Beispiel: J'écris la lettre avec un stylo.

Vergleich mit dem Deutschen

Dieselbe Beziehung zwischen Wörtern oder Wortgruppen wird im Deutschen nicht immer mit der gleichen Präposition ausgedrückt wie im Französischen. Manchmal entspricht einer deutschen Präposition im Französischen auch eine Konstruktion ohne Präposition.

Deutsch	Französisch	Beispiel
an/am	à	J'attends à la piscine.
	–	Le week-end je travaille plus.
auf	sur	Mets le repas sur la table.
	dans	Les enfants jouent dans la rue.
	en	Comment est-ce qu'on dit cela en français ?
	–	J'attends le train.
aus	du	Le monsieur sort du jardin.
	dans	Qui a bu dans mon verre ?
bei	chez	Il est chez le dentiste.
	dans	Il passe les vancances dans une famille allemande.
	avec	Il a sa petite sœur avec lui.
bis	jusqu'à	On attend jusqu'à 6 heures.
	à	Nous travaillons de 10 heures à 12 heures.

Deutsch	Französisch	Beispiel
in/im	dans	Qu'est-ce qu'il y a dans ton sac?
	à	Elle est au supermarché.
		Luc habite à Paris.
	en	Il n'y a pas beaucoup de cinémas en ville.
	–	La boulangerie est rue du Vieux Marché.
	au	On a construit ce château au XIIe siècle
	pendant	Je reste à la maison pendant les vacances.
nach	après	Il est arrivé après le repas.
	à	Je ne suis jamais allé à Berlin.
vor	devant	Devant l'école il y a une boulangerie.
	avant	Il est parti avant Marie.
zu	chez	Il est allé chez sa tante.
	à	Je vais à la pharmacie.

Aufgabe 99 Wo liegt der Füller? Trage die richtigen Präpositionen ein (*le plumier* = Federmäppchen).

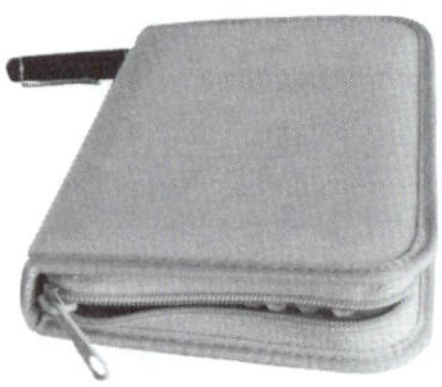

a) __________ le plumier

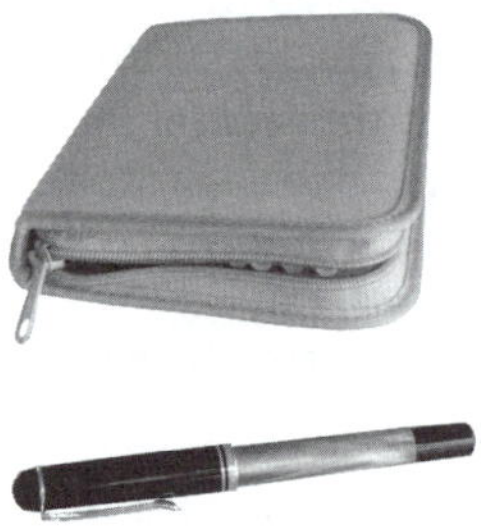

b) __________ le plumier

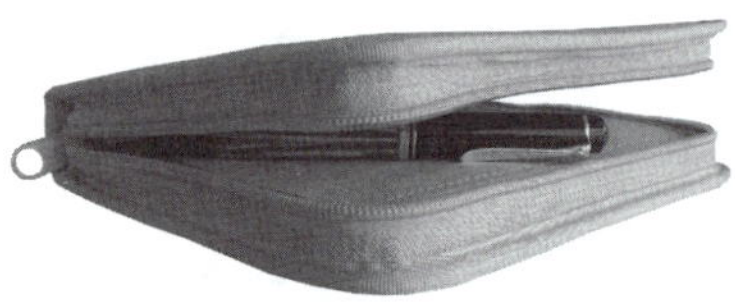

c) __________ le plumier

d) __________ le plumier

e) __________ le plumier

f) __________ du plumier

Aufgabe 100 Das folgende Bild zeigt eine typische Szene auf einem Spielplatz *(le terrain de jeux)*. Die Sätze unten verraten dir, wie welches Kind heißt. Ergänze die Präpositionen. Du kannst auch die Namen der Kinder ins Bild neben das jeweilige Kind schreiben.

a) Voilà Serge. C'est le garçon qui mange une pomme. Il se trouve ___sur___ l'arbre.

b) Frédéric est le petit garçon qui court ________ sa mère.

c) Manuel, c'est le garçon avec les lunettes qui se trouve ________ l'arbre.

d) Sylvie est la grande fille qui joue ________ le sable *(Sand)*.

e) Ugolin, c'est le petit garçon __________ la balançoire *(Schaukel)*.

f) Fanny est la petite qui joue _____________ d'Ugolin et qui le regarde tout le temps.

g) Julie est la fille qui boit une limonade. Elle est ______________ vacances ici. Normalement, elle vit dans une autre ville.

h) Serge est le bébé. Il est né ____________ août. C'est le petit qui joue avec la voiture. Il reste toujours ____________ sa mère.

i) Aimée, c'est la fille qui se trouve __________ la balançoire.

j) Luc est le garçon qui se trouve __________ l'entrée du terrain de jeux. Il a un peu peur des autres.

k) Marie joue __________ sa poupée, là, __________ la table.

l) Céline, c'est la fille qui habite maintenant __________ Berlin, en Allemagne. Elle joue avec Marie.

m) Sonia veut toujours manger une glace ________________ quatre heures pour le goûter[1]. C'est la fille avec le ballon.

1 le goûter: Kuchen oder Süßigkeit für die Kinder am Nachmittag als Zwischenmahlzeit.

Aufgabe 101 Beschreibe dein Zimmer. Verwende möglichst viele der folgenden Präpositionen: *sur, sous, dans, devant, derrière, à côté de, à, avec.* Im Kasten stehen einige Vokabelhilfen. Schreibe ca. 80–100 Wörter.

Schreibtisch – *le bureau*	Poster – *le poster*	Popmusik – *la musique pop*
Regal – *une étagère*	Pflanze – *la plante*	Plüschtier – *un animal en peluche*

Aufgabe 102 Lies die folgende Geschichte und ergänze die richtigen Wörter. In den meisten Fällen ist eine Präposition einzusetzen.

« Salut. Je m'appelle Élodie et j'ai 14 ans. Je vais à l'école ____à____ Bordeaux. J'habite __________ mes grands-parents, parce que mes parents sont morts. J'ai un frère, Maurice, qui a 12 ans. Maurice aime beaucoup le cinéma et donc, __________ week-end, il va souvent __________ cinéma ou il va __________ son ami René et passe tout le week-end __________ lui. Moi, je reste __________ mes grands-parents, je vais __________ le jardin ou j'invite des amies de passer le week-end __________ ma famille.
J'ai une amie, Fabienne, que j'aime beaucoup. Chaque matin, elle regarde _____ la fenêtre (elle m'attend toujours __________ 8.30 heures le matin) et on va __________ l'école ensemble. À l'école nous passons toujours la récréation ensemble __________ la cour. __________ les vacances, elle habite souvent __________ nous parce que mes grands-parents l'aiment aussi beaucoup. Alors nous faisons du vélo __________ la rue ou nous allons __________ un café ou nous mangeons du gâteau __________ ma grand-mère. __________ 2008 elle a gagné un prix pour son gâteau aux pommes !
Eh bien, __________ week-end dernier j'ai eu rendez-vous avec Fabienne __________ le café « La belle mer » __________ trois heures. Fabienne avait son chien Rufus __________ elle, un gentil petit animal. Le garçon a mis mon chocolat et la limonade de Fabienne __________ la table – et de l'eau pour Rufus __________ la table __________ de nos pieds.
Tout à coup un cabriolet rouge s'est arrêté __________ le café. Un jeune homme __________ des lunettes de soleil *(Sonnenbrille)* est sorti de la voiture. Il a choisi la table __________ de nous et il a appelé le garçon. Il a voulu trois apéritifs, deux cafés et trois repas ! Et qu'est-ce qu'il a fait quand il a fini, __________ le repas ? Il est sorti sans payer !
Non, ce n'est pas correct. Il a essayé de sortir sans payer, mais le chien Rufus a tout vu et il a couru __________ le voleur *(Dieb)*. Il a tiré *(gezogen)* le monsieur par le pantalon __________ l'arrivée de la police.
Le soir Rufus a eu du gâteau aux pommes de ma grand-mère ! »

Aufgabe 103 Schau dir die Urlaubsbilder aus Südfrankreich *(le sud de la France)* an und schreibe dann eine Postkarte aus dem Urlaub an eine französische Freundin oder einen Freund. Hinweise für die richtige Form der Anrede und Verabschiedung findest du auf Seite 15.
Schreibe ca. 70–90 Wörter.

baden – *se baigner*	schwimmen – *nager*
Fotoapparat – *un appareil photo*	Flugzeug – *un avion*

Le Pont du Gard près de Nîmes[1]

1 Berühmter Teil einer alten römischen Wasserleitung.

Die Zahlen

16 Die Zahlen ab 70 – *Les nombres à partir de 70*

Die Zahlen ab 70 weisen einige Besonderheiten auf:

- **70 bis 79** bildest du aus 60 + 10 (*soixante-dix*), 60 + 11 (*soixante et onze*), 60 + 12 (*soixante-douze*), …, 60 + 19 (*soixante-dix-neuf*). Nur 71 (*soixante et onze*) wird mit *et* gebildet, die anderen Zahlen mit Bindestrich.

  70 soixante-dix
  71 soixante et onze
  72 soixante-douze
  73 soixante-treize
  74 soixante-quatorze
  75 soixante-quinze
  76 soixante-seize
  77 soixante-dix-sept
  78 soixante-dix-huit
  79 soixante-dix-neuf

- **80** entspricht 4 x 20 (*quatre-vingts*). **81 bis 99** bildest du aus 80 + 1 (*quatre-vingt-un*), 80 + 2 (*quatre-vingt-deux*), 80 + 3 (*quatre-vingt-trois*), …, 80 + 19 (*quatre-vingt-dix-neuf*). *quatre-vingts* verliert das *-s*, sobald eine weitere Zahl folgt: *quatre-vingt-un*.

  80 quatre-vingts
  81 quatre-vingt-un
  82 quatre-vingt-deux
  83 quatre-vingt-trois
  84 quatre-vingt-quatre
  85 quatre-vingt-cinq
  86 quatre-vingt-six
  87 quatre-vingt-sept
  88 quatre-vingt-huit
  89 quatre-vingt-neuf
  90 quatre-vingt-dix
  91 quatre-vingt-onze
  92 quatre-vingt-douze
  93 quatre-vingt-treize
  94 quatre-vingt-quatorze
  95 quatre-vingt-quinze
  96 quatre-vingt-seize
  97 quatre-vingt-dix-sept
  98 quatre-vingt-dix-huit
  99 quatre-vingt-dix-neuf

- **100** cent
  101 cent un

- **Ab 200** haben die vollen Hunderter ein Plural-*s*. Folgt den Hunderten eine weitere Zahl, so fällt das *-s* weg.

  200 deux cents
  217 deux cent dix-sept
  900 neuf cents
  999 neuf cent quatre-vingt-dix-neuf

- ***mille*** ist unveränderlich.

  1 000 mille
  2 000 deux mille

- Folgt auf ***million*** ein Nomen, so wird es mit *de* angeschlossen: *trois millions d'animaux*.

  1 000 000 un million
  2 000 000 deux millions

Aufgabe 104 Alex ist auf dem Flohmarkt in Orléans. Er will einige Dinge kaufen und bald schwirren die Preise nur so in seinem Kopf. Manches ist teuer, manches ist sehr preiswert.

Was kosten die Artikel? Schreibe den gesprochenen Preis als Ziffer.

a)

« quatre-vingt-dix centimes »

90 centimes

b)

« soixante-douze euros »

____

c)

« quatre-vingt-dix-neuf centimes »

____

d)

« soixante-quinze centimes »

____

e) 

« mille huit cent quatre-vingt-huit euros »

____

f) 

« trois cent trente-six euros »

____

g) 

« quatre-vingt-trois centimes »

____

h) 

« soixante-dix centimes »

____

i) 

« quatre-vingt-quatorze centimes »

____

j)  « deux cents euros » ____________________

k)  « soixante et onze centimes » ____________________

l)  « cent cinquante et un euros » ____________________

Aufgabe 105 Schreibe die Zahlen aus.

a) 71 ____________________
b) 99 ____________________
c) 101 ____________________
d) 229 ____________________
e) 888 ____________________
f) 2 002 ____________________
g) 3 000 000 ____________________
h) 85 ____________________
i) 675 ____________________
j) 493 ____________________
k) 78 ____________________
l) 130 ____________________

Aufgabe 106 Jedes französische *département* hat eine eigene Nummer. In der folgenden Tabelle sind einige *départements* und ihr Hauptort *(chef-lieu)* angegeben. Suche die Nummern der *départements* in der Karte und trage sie in die Tabelle ein. Schreibe die Nummern auch aus.

Zusatzaufgabe: Suche im Internet die Namen der Regionen, in denen die *départements* liegen, und trage sie in die Tabelle ein.

numéro	département	chef-lieu	région
87 quatre-vingt-sept	Haute-Vienne	Limoges	Limousin
	Deux-Sèvres	Niort	
	Essonne	Evry	
	Haute-Saône	Vesoul	
	Haute-Savoie	Annecy	
	Hauts-de-Seine	Nanterre	
	Paris	Paris	
	Savoie	Chambéry	
	Seine et Marne	Melun	
	Seine-Maritime	Rouen	
	Somme	Amiens	
	Tarn	Albi	
	Val de Marne	Créteil	
	Val d'Oise	Pontoise	
	Var	Toulon	
	Vaucluse	Avignon	
	Vienne	Poitiers	
	Vosges	Epinal	
	Yonne	Auxerre	
	Yvelines	Versailles	

Lille
80
Amiens
76
SEINE-
MARITIME
Caen
Reims
Metz
Paris
77
SEINE ET
MARNE
Nancy
Strasbourg
88
VOSGES
Rennes
Le Mans
Orléans
89
YONNE
Vesoul
90
70
BELFORT
Angers
Nantes
Dijon
Besançon
85
VENDÉE
79
DEUX-
SÈVRES
86
Poitiers
71
Mâcon
74
HAUTE-
SAVOIE
87
HAUTE-
VIENNE
Clermont-
Ferrand
Lyon
73
SAVOIE
Grenoble
95
Pontoise
Nanterre
Paris
95
Versailles
92
94
Créteil
78
Evry
91
Bordeaux
84
Avignon
Nice
82
TARN-ET-
GARONE
81
Albi
Nimes
83
Toulouse
Marseille
Toulon

17 Die Ordnungszahlen – *Les numéraux ordinaux*

Mit Ordnungszahlen kannst du Rangfolgen angeben, also sagen, wer der Erste, der Zweite, der Dritte usw. ist.

Wie bildest du die Ordnungszahlen?

Die Ordnungszahlen bildest du, indem du die Endung **-ième an die Grundzahlen** anfügst.

Beispiel: trois → troisième

Beachte:

- Es gibt bei den Ordnungszahlen nur eine Form für Maskulinum und Femininum. Ausnahmen sind *le premier/la première* und *le second/la seconde*. *Deuxième* und *second* sind in den meisten Fällen austauschbar. *Second* kann aber nicht mit einer anderen Zahl verbunden werden, daher heißt es z. B. *le vingt-deuxième*. *Second* wird in einigen festen Ausdrücken verwendet, wie z. B. *la Seconde Guerre mondiale = der Zweite Weltkrieg.*
- Genau wie *second* kann auch *premier* nicht mit einer anderen Zahl verbunden werden. In diesem Fall wird *unième* verwendet, z. B. *le vingt et unième.*
- Wenn die Grundzahl auf *-e* endet, so entfällt dieses in der Ordnungszahl vor *-ième* *(seize → seizième).*
- Der Artikel wird nicht apostrophiert, auch nicht vor Vokal *(le huitième, la onzième).*
- Schreibt man die Ordnungszahlen als Ziffern, so fügt man ein hochgestelltes kleines *-e* an *(le huitième = le* 8e*).*

Bei den folgenden Ordnungszahlen sind die Besonderheiten unterstrichen:

1er	le premier	14^{e}	le/la quatorzième
1re	la première	15^{e}	le/la quinzième
2^{e}	le/la deuxième	16^{e}	le/la seizième
2nd	le second	17^{e}	le/la dix-septième
2nde	la seconde	19^{e}	le/la dix-neuvième
3^{e}	le/la troisième	20^{e}	le/la vingtième
5^{e}	le/la cinquième	21^{e}	le/la vingt et unième
8^{e}	le/la huitième	30^{e}	le/la trentième
9^{e}	le/la neuvième	70^{e}	le/la soixante-dixième
11^{e}	le/la onzième	71^{e}	le/la soixante et onzième
12^{e}	le/la douzième	90^{e}	le/la quatre-vingt-dixième
13^{e}	le/la treizième	100^{e}	le/la centième

Aufgabe 107 Zehn Freunde aus Bordeaux veranstalten ein Wettrennen. Finde die Reihenfolge heraus, in der sie ins Ziel kommen.

Isabelle est la fille la plus rapide.
Véronique est la fille la moins rapide mais elle est plus rapide que Martin.
Maurice est moins rapide que Karima.
Luc court moins rapide que Véronique et Martin.
Serge est plus rapide qu'Isabelle mais moins rapide que Patrick.
Karima arrive directement après Isabelle.
Yasmina court un peu moins rapide que Sébas, mais elle est plus rapide que Martin et Véronique.
Maurice est plus rapide que Yasmina et il a aussi battu Sébas.

a) Isabelle est ______________________________ qui arrive.

b) Luc est ______________________________ qui arrive.

c) Sébas est ______________________________ qui arrive.

d) Karima est la ______________________________ qui arrive.

e) Véronique est ______________________________ qui arrive.

f) Serge est ______________________________ qui arrive.

g) Martin est ______________________________ qui arrive.

h) Patrick est ______________________________ qui arrive.

i) Maurice est ______________________________ qui arrive.

j) Yasmina est ______________________________ qui arrive.

ufgabe 108 Sascha aus Köln ist zu Besuch in Versailles. Natürlich will er das berühmte Schloss des Sonnenkönigs Ludwig XIV. besuchen, weiß aber den Weg dorthin nicht. Also fragt er einen Einheimischen nach dem Weg. Der gibt ihm folgende Beschreibung.
Schau dir die Karte an und beschreibe Sascha den eingezeichneten Weg.

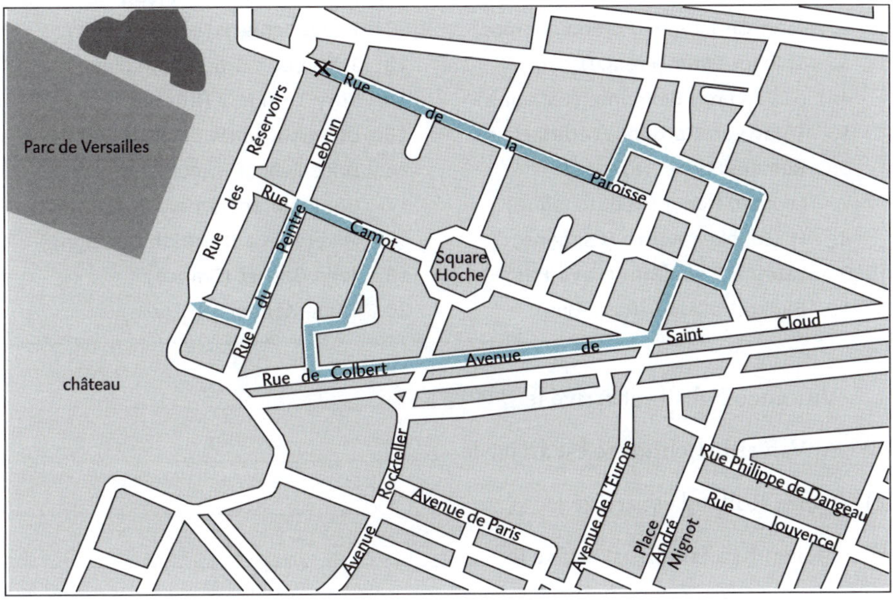

« Donc, jeune homme, vous prenez *la troisième* à gauche. Puis vous prenez __________ à droite, ensuite __________ à droite. Après c'est __________ à droite. Puis vous continuez et vous tournez dans __________ à gauche. Vous suivez la rue et vous tournez dans __________ rue à droite, c'est une grande avenue. Vous allez tout droit dans cette avenue et ensuite vous prenez __________ rue à droite. Vous suivez la rue, prenez encore __________ rue à droite et vous tournez dans __________ à gauche. Ensuite vous prenez __________ à gauche, c'est la rue Carnot. Maintenant ce n'est plus loin. Vous prenez __________ à gauche et alors vous tournez dans __________ à droite. Vous suivez la rue et vous allez voir le château. » – « Merci monsieur, si je tourne à gauche, là, dans __________ rue à gauche, est-ce que ce n'est pas beaucoup plus court ? » – « C'est vrai, mais vous n'allez rien voir de la ville de Versailles comme cela ! »

Aufgabe 109 Die *Tour de France,* das bekannteste Radrennen der Welt, fand erstmals 1903 statt. Hier siehst du das Endergebnis von 2014. Schau dir die Auflistung an und ergänze dann die sich darauf beziehenden Aussagen.

1.	Vincenzo Nibali (Italie)	11.	Pierre Rolland (France)
2.	Jean-Christophe Péraud (France)	12.	Frank Schleck (Luxembourg)
3.	Thibaut Pinot (France)	13.	J. van den Broeck (Belgique)
4.	A. Valverde Belmonte (Espagne)	14.	Yury Trofimov (Russie)
5.	Tejay van Garderen (États-Unis)	15.	Steven Kruijswijk (Pays-Bas)
6.	Romain Bardet (France)	16.	Brice Feillu (France)
7.	Leopold Konig (Rép. tchèque)	17.	Christopher Horner (États-Unis)
8.	H. Zubeldia Agirre (Espagne)	18.	Mikel Nieve Iturralde (Espagne)
9.	Laurens Tem Dam (Pays-Bas)	19.	John Gadret (France)
10.	Bauke Mollema (Pays-Bas)	20.	Tanel Kangert (Estonie)

a) Vincenzo Nibali est arrivé le *premier* ______.

b) A. Valverde Belmonte est arrivé le ______.

c) Pierre Rolland est arrivé le ______.

d) Steven Kruijswijk est arrivé le ______.

e) A. Valverde Belmonte était le *premier* ______ Espagnol.

f) Thibaut Pinot Péraud était le ______ Français.

g) Mikel Nieve Iturralde était le ______ Espagnol.

h) Le premier Français est arrivé *deuxième* ______.

i) Le Tchèque est arrivé ______.

j) Le troisième Espagnol est arrivé ______.

k) Tanel Kangert est arrivé ______.

l) Leopold Konig est arrivé ______.

m) Tejay van Garderen était le ______ Américain.

n) Le ______ Français s'appelle Romain Bardet.

18 Die Bruchzahlen – *Les fractions*

Bei den Bruchzahlen steht im Zähler eine Grundzahl und im Nenner eine Ordnungszahl.

Beispiel: $^{1}/_{5}$ = un cinquième

Beachte:

- $^{1}/_{2}$, $^{1}/_{3}$, $^{1}/_{4}$ haben eigene Formen: *un demi, un tiers, un quart.*
- Statt *demi* verwendet man häufig *la moitié: un demi-gâteau = la moitié d'un gâteau.*
- Ist der Zähler größer als 1, so bekommt der Nenner ein Plural-s in der ausgeschriebenen Version: *deux cinquièmes.*

$^{1}/_{2}$	=	un demi	*Beispiel:*	un demi-gâteau, une demi-heure
$^{1}/_{3}$	=	un tiers	*Beispiel:*	un tiers du gâteau, un tiers des élèves
$^{1}/_{4}$	=	un quart	*Beispiel:*	un quart du gâteau, un quart des élèves
$^{1}/_{5}$	=	un cinquième	*Beispiel:*	un cinquième du gâteau
$^{1}/_{6}$	=	un sixième	*Beispiel:*	un sixième des élèves
$^{2}/_{7}$	=	deux septièmes	*Beispiel:*	deux septièmes du gâteau
$^{3}/_{4}$	=	trois quarts	*Beispiel:*	les trois quarts des élèves/du gâteau

ufgabe 110 Sechs Freunde aus Avignon haben eines gemeinsam: Zu ihrem Geburtstag „bestellen" sie immer bei ihren Großmüttern einen leckeren Apfelkuchen. Doch der Appetit der Freunde ist unterschiedlich groß. Finde heraus, wer wie viel vom Kuchen seiner jeweiligen Oma isst.

Die Freunde heißen Arthur, Clément, Gilles, Maurice, Serge und Franck.

So viel essen sie: $^{3}/_{4}$, $^{1}/_{2}$, $^{1}/_{3}$, $^{1}/_{4}$, $^{1}/_{5}$, $^{1}/_{6}$

Wer isst nun welche Menge? Schreibe die Bruchzahlen aus.

Gilles mange moins qu' Arthur. Clément mange plus qu'Arthur. Franck mange un quart du gâteau de sa grand-mère. Serge mange le moins. Maurice mange moins qu'Arthur et plus que Franck. Gilles mange moins que Franck.

a) Arthur mange ____________________ gâteau de sa grand-mère.

b) Clément mange les ____________________ du gâteau de sa grand-mère.

c) Gilles mange ____________________ du gâteau de sa grand-mère.

d) Maurice mange ____________________ du gâteau de sa grand-mère.

e) Serge mange ____________________ du gâteau de sa grand-mère.

f) Franck mange ____________________ du gâteau de sa grand-mère.

Aufgabe 111 Eine Schulklasse aus Beauvais, nördlich von Paris, möchte einen Schulausflug machen. Als es um das Ausflugsziel geht, sind sich die Schüler nicht einig. Also wird abgestimmt. Hier ist das Abstimmungsergebnis. Welcher Vorschlag wird mehrheitlich angenommen? Schreib ihn hinter *Le résultat* auf die letzte Zeile.

a) $^1/_3$ visiter le parc Eurodisney

Un tiers de la classe veut visiter le parc Eurodisney. ____________

b) $^1/_5$ visiter la ville de Paris

____.

c) $^1/_7$ Aller visiter le zoo

____.

d) $^1/_{10}$ faire une promenade avec pique-nique

____.

e) $^1/_{16}$ aller visiter le château de Fontainebleau

____.

f) $^1/_4$ aller à la piscine

____.

g) $^1/_{20}$ aller au musée du Louvre à Paris

____.

h) $^1/_2$ aller au bord de la mer

____.

i) $^1/_{10}$ aller voir la Tapisserie de Bayeux[1]

____.

j) $^1/_{30}$ rester à l'école

____.

Le résultat : ____

1 La Tapisserie de Bayeux: berühmter gestickter Teppich, der die Eroberung Englands (Schlacht von Hastings) durch die Normannen im Jahr 1066 zeigt.

Aufgabe 112 Die Familie und der familiäre Zusammenhalt werden in Frankreich großgeschrieben, was Anlass für ein französisches Meinungsforschungsinstitut war nachzufragen: Wie viele Jugendliche haben tatsächlich noch Kontakt zu ihren Großeltern? Hier das Ergebnis. Rechne die Prozentzahlen in Bruchzahlen um und schreibe sie dann aus.

75 % Les *trois quarts* des jeunes voient leurs grands-parents au moins une fois par semaine.

20 % ______________ des jeunes s'intéressent à l'avis de leurs grands-parents (quand on parle de la politique, de la religion, etc.).

50 % ______________ des jeunes parlent avec leurs grands-parents quand ils ont des problèmes à l'école.

25 % ______________ des jeunes parlent avec leurs grands-parents quand ils ont des problèmes d'amour ou des problèmes avec les parents.

80 % ______________ des jeunes vont voir leurs grands-parents pendant les vacances.

40 % ______________ des jeunes sont contents quand les grands-parents viennent voir leur famille.

10 % ______________ des jeunes téléphonent régulièrement *(regelmäßig)* à leur grand-père ou leur grand-mère.

70 % ______________ des jeunes écrivent une lettre pour l'anniversaire du grand-père ou de la grand-mère.

90 % ______________ des jeunes trouvent que les grands-parents sont moins sévères *(streng)* que les parents.

33 % ______________ des jeunes reçoivent de l'argent de poche de leurs grands-parents.

Anhang

19 Schwierige Wörter, die wir in diesem Buch benutzen

à travers – durch, hindurch
à toi-même – an dich selbst
accompagner – begleiten
appartenir – angehören
l'armée (f.) – Armee
autoritaire – autoritär
l'actrice (f.) – Schauspielerin
s'adresser à – sich wenden an, ansprechen
allumée – an(gezündet), beleuchtet
l'animal en peluche (m.) – Plüschtier
l'appareil photo (m.) – Fotoapparat
l'argent (m.) – Geld
arrêter – festnehmen
l'art (m.) – Kunst
s'asseoir – sich setzen
l'autographe (m.) – Autogramm

la balançoire – Schaukel
la bande dessinée – Comic
la bataille – Schlacht, Kampf
le bâtiment – Gebäude
la blague – Scherz
Bon séjour. – Guten Aufenthalt.
Bonne chance (f.). – Viel Glück.
la boum (fam.) – Fest, Fete
le bureau – Schreibtisch

cacher – verstecken
calme – ruhig, ausgeglichen
calmer – beruhigen
car – denn

la caravane – Wohnwagen
la carrière – Karriere
casser – zerbrechen, zerstören
célèbre – berühmt
célébrer – feiern
les cercles (m. pl.) littéraires – Lesezirkel, Lesegruppen
le champ – Feld, Acker
les chants (m. pl.) de Noël – Weihnachtslieder
château, le – Schloss, Burg
Chers tous – *wörtlich:* meine Lieben (Briefanrede)
les cheveux (m. pl.) – Haare
coller – ankleben, anheften
comme – da, weil
la communauté – Gemeinschaft
le compromis – Kompromiss
se concentrer – sich konzentrieren
le conducteur – Fahrer
le conducteur du car – Busfahrer
le constructeur – Erbauer
la construction – Bau, Konstruktion
le contrôle – Klassenarbeit

d'ailleurs – übrigens
dans toute sa grandeur – in seiner ganzen Größe
de force – mit Gewalt
le début – Anfang
décoré, e – dekoriert, hergerichtet
démodé, e – altmodisch, unmodern
la dent – Zahn
le dentifrice – Zahnpasta
le départ – Start, Anfang; Aufbruch
le dictionnaire – Wörterbuch
discipliné, e – diszipliniert
dur – hart; schwer
durer – dauern

l'écrivain (m.) – Schriftsteller
éduquer – erziehen
l'Egypte (f.) – Ägypten

en face – gegenüber
en même temps – gleichzeitig
ennuyeux – langweilig
enregistrer – aufnehmen, einspielen
s'entendre avec – sich verstehen mit
entraîner – trainieren
l'entraîneur (m.) – Trainer
l'enveloppe (f.) – Briefumschlag
envoyer – schicken
épouser – heiraten
l'étagère (f.) – Regal
être assis à – an etwas sitzen (z. B. an einem Tisch)
l'Europe (f.) – Europa
l'examen oral (m.) – mündliche Prüfung
extra (fam.) – super, klasse

faire du roller – Inlineskates fahren
faire la bise à – rechts und links auf die Wange küssen
la ferme – Bauernhof
le feu d'artifice – Feuerwerk
la fourchette – Gabel
la fraise – Erdbeere
le frigo – Kühlschrank

garer – parken
la guerre – der Krieg

haut, e – hoch

s'inquiéter – sich Sorgen machen
l'instruction (f.) – Anweisung
interdit, e – verboten
l'interrogation écrite (f.) – Klassenarbeit

« Laisse-moi tranquille ! » – „Lass mich in Ruhe!"
la langue – Sprache
la lavande – Lavendel
se lever – aufstehen (aus dem Bett)
la librairie – Bücherei

le libre temps – Freizeit
longtemps – lange
louer – mieten
les lunettes de soleil (f. pl.) – Sonnenbrille

le magazine – Zeitschrift
la matière – Schulfach
le maire – Bürgermeister
mentir – lügen
la messe – Messe, Gottesdienst
le Métro – Pariser Untergrundbahn
mignon, ne – süß, niedlich
le minuit – Mitternacht
le modèle – Vorbild
moi-même – ich selbst
se moquer de – sich lustig machen über
le Moyen Age – Mittelalter
la musique pop – Popmusik

nager – schwimmen
nécessaire – notwendig
le neveu – Neffe

l'œuf (m.) – Ei
offrir – anbieten; schenken

paraître – erscheinen
paresseux, se – faul
se passer – passieren
partout – überall
le pauvre – der Arme
pauvre – arm
la peinture – Malerei
le personnage – Figur in einem Buch oder Comic
la pièce – Stück, Teil(chen)
la pierre – Stein
plaire à qn – jdm. gefallen
la plante – Pflanze
la pluie – Regen

populaire – beliebt
le portable – Handy
le poster – Poster
la poubelle – Müll(-eimer)
préférer – bevorzugen
le président – Präsident
la preuve – Beweis
privé, e – privat
proposer – vorschlagen
prudent, e – vorsichtig

quand même – trotzdem

ranger sa chambre – sein Zimmer aufräumen
la raquette – (Tennis-)Schläger
le réalisateur – Regisseur
recevoir qn – jdn. empfangen
recommander – empfehlen
régulièrement – regelmäßig
se rencontrer – sich treffen
le renseignement – Auskunft
la réponse – Antwort
le restaurant rapide – Schnellimbiss
la Révolution française – Französische Revolution
ridicule – lächerlich
rigoler – kichern, lachen
le riz – Reis

le sable – Sand
la Saint-Sylvestre – Silvester
le saladier – Salatschüssel
saluer qn – jdn. grüßen
le sel – Salz
le sentiment – Gefühl
sévère – streng
le shampooing – Shampoo
si – so (sehr); doch; wenn (falls); ob
le sirop contre la toux – Hustensaft
sourire – lacheln

le succès – Erfolg
la sucette – Lutscher
sucré – gezuckert

la tarte – französischer Kuchen
le terrain de jeu – Spielplatz
le travail – Arbeit
la tente – Zelt
tirer – ziehen
tourner – drehen
le tsar – Zar
le tube – Hit

l'usine – Fabrik

la vendeuse – Verkäuferin
la vie – Leben
voler qc – etwas stehlen
le voleur – Dieb

20 Wichtige regelmäßige und unregelmäßige Verben

Hinweis: Aus Platzgründen wurde darauf verzichtet, bei jeder Verbform alle Personalpronomen aufzuführen. Also steht z. B. *il travaille* für *il/elle/on travaille* und *ils travaillent* für *ils/elles travaillent.*

Verben auf *-er*:

Infinitiv	Präsens		*passé composé*	*imparfait*
travailler	je travaille	nous travaillons	j'ai travaillé	je travaillais
	tu travailles	vous travaillez		
	il travaille	ils travaillent		
	Ebenso: *arriver, entrer, rentrer, monter, retourner, tomber, rester,* aber: diese Verben bilden das *passé composé* mit *être.*			
acheter	j'achète	nous achetons	j'ai acheté	j'achetais
	tu achètes	vous achetez		
	il achète	ils achètent		
	Ebenso: *enlever.*			
se lever	je me lève	nous nous levons	je me suis levé	je me levais
	tu te lèves	vous vous levez		
	il se lève	ils se lèvent		
	Ebenso: *se promener.*			
préférer	je préfère	nous préférons	j'ai préféré	je préférais
	tu préfères	vous préférez		
	il préfère	ils préfèrent		
	Ebenso: *compléter, espérer, s'inquiéter* (*passé composé* mit *être*), *répéter.*			
appeler	j'appelle	nous appelons	j'ai appelé	j'appelais
	tu appelles	vous appelez		
	il appelle	ils appellent		
	Ebenso: *épeler, jeter.*			
payer	je paie	nous payons	j'ai payé	je payais
	tu paies	vous payez		
	il paie	ils paient		
	Ebenso: *envoyer, essayer.*			
manger	je mange	nous mangeons	j'ai mangé	je mangeais
	tu manges	vous mangez		nous mangions
	il mange	ils mangent		ils mangeaient
	Ebenso: *changer, corriger, déranger, ranger.*			

Infinitiv	Präsens		*passé composé*	*imparfait*
commencer	je commence tu commences il commence	nous commençons vous commencez ils commencent	j'ai commencé	je commençais nous commen- cions ils commençaient
	Ebenso: *annoncer, avancer, prononcer.*			

Verben auf *-dre*:

Infinitiv	Präsens		*passé composé*	*imparfait*
répondre	je réponds tu réponds il répond	nous répondons vous répondez ils répondent	j'ai répondu	je répondais
	Ebenso: *attendre, descendre, perdre, rendre.*			
prendre	je prends tu prends il prend	nous prenons vous prenez ils prennent	j'ai pris	je prenais
	Ebenso: *comprendre, surprendre.*			

Verben auf *-ir*:

Infinitiv	Präsens		*passé composé*	*imparfait*
dormir	je dors tu dors il dort	nous dormons vous dormez ils dorment	j'ai dormi	je dormais
	Ebenso: *partir, sortir* (beide *passé composé* mit *être*), *mentir, sentir, servir.*			
finir	je finis tu finis il finit	nous finissons vous finissez ils finissent	j'ai fini	je finissais
	Ebenso: *choisir, réagir, réfléchir, réussir.*			
courir	je cours tu cours il court	nous courons vous courez ils courent	j'ai couru	je courais

Infinitiv	Präsens		*passé composé*	*imparfait*
ouvrir	j'ouvre tu ouvres il ouvre	nous ouvrons vous ouvrez ils ouvrent	j'ai ouvert	j'ouvrais
	Ebenso: *offrir, découvrir.*			
tenir	je tiens tu tiens il tient	nous tenons vous tenez ils tiennent	j'ai tenu	je tenais
	Ebenso: *appartenir, venir (passé composé* mit *être), devenir (passé composé* mit *être).*			

Unregelmäßige Verben

Infinitiv	Präsens		*passé composé*	*imparfait*
avoir	j'ai tu as il a	nous avons vous avez ils ont	j'ai eu	j'avais
être	je suis tu es il est	nous sommes vous êtes ils sont	j'ai été	j'étais
aller	je vais tu vas il va	nous allons vous allez ils vont	je suis allé	j'allais
boire	je bois tu bois il boit	nous buvons vous buvez ils boivent	j'ai bu	je buvais
construire	je construis tu construis il construit	nous construisons vous construisez ils construisent	j'ai construit	je construisais
	Ebenso: *conduire.*			
connaître	je connais tu connais il connaît	nous connaissons vous connaissez ils connaissent	j'ai connu	je connaissais

Infinitiv	Präsens		*passé composé*	*imparfait*
croire	je crois tu crois il croit	nous croyons vous croyez ils croient	j'ai cru	je croyais
devoir	je dois tu dois il doit	nous devons vous devez ils doivent	j'ai dû	je devais
dire	je dis tu dis il dit	nous disons vous dites ils disent	j'ai dit	je disais
écrire	j'écris tu écris il écrit	nous écrivons vous écrivez ils écrivent	j'ai écrit	j'écrivais
faire	je fais tu fais il fait	nous faisons vous faites ils font	j'ai fait	je faisais
falloir	il faut		il a fallu	il fallait
lire	je lis tu lis il lit	nous lisons vous lisez ils lisent	j'ai lu	je lisais
mettre	je mets tu mets il met Ebenso: *promettre.*	nous mettons vous mettez ils mettent	j'ai mis	je mettais
plaire	je plais tu plais il plaît	nous plaisons vous plaisez ils plaisent	j'ai plu	je plaisais
pleuvoir	il pleut		il a plu	il pleuvait
pouvoir	je peux tu peux il peut	nous pouvons vous pouvez ils peuvent	j'ai pu	je pouvais

Infinitiv	Präsens		*passé composé*	*imparfait*
recevoir	je reçois tu reçois il reçoit	nous recevons vous recevez ils reçoivent	j'ai reçu	je recevais
rire	je ris tu ris il rit	nous rions vous riez ils rient	j'ai ri	je riais
savoir	je sais tu sais il sait	nous savons vous savez ils savent	j'ai su	je savais
vivre	je vis tu vis il vit	nous vivons vous vivez ils vivent	j'ai vécu	je vivais
voir	je vois tu vois il voit	nous voyons vous voyez ils voient	j'ai vu	je voyais
vouloir	je veux tu veux il veut	nous voulons vous voulez ils veulent	j'ai voulu	je voulais

Lösungen

… rund ums Nomen

Aufgabe 1 J'ai quitté **la** France en juillet. D'abord, je suis allé **en** Espagne, puis **au** Portugal. Ce sont deux pays très beaux. Une semaine après, je suis parti **du** Portugal pour retourner **en** France. J'ai rendu visite à mes grands-parents, puis je suis allé **aux** Pays-Bas. **Aux/Des** Pays-Bas je suis allé au bord de la mer – super ! Après, je suis allé directement **en** Angleterre – j'aime beaucoup Londres. **D'**Angleterre je suis allé **en** Allemagne pour visiter Hambourg et Berlin. **D'**Allemagne je suis allé **en** Italie – j'ai voulu voir Rome, bien sûr. À Rome, j'ai visité tous les vieux monuments. Ils sont très intéressants, mais il a fait très chaud. Une semaine après, j'ai décidé d'aller **en** Autriche, un pays très beau avec toutes ses montagnes. **L'**Autriche est vraiment belle, mais malheureusement on parle allemand **en** Autriche, donc je n'ai rien compris ! Alors, j'ai pris le train et je suis parti **d'**Autriche pour aller **en** Suisse, dans la partie francophone, bien sûr ! Est-ce que vous avez jamais acheté du chocolat suisse ? Il est super, je suis un expert maintenant ! Et le chocolat **de/en** Suisse est vraiment le meilleur chocolat **en/d'**Europe, je pense. Et **en** France, on produit le meilleur nougat ! Après quatre jours **en** Suisse, j'ai dû rentrer…

Aufgabe 2 DANIELA : Bonjour. Je m'appelle Daniela et je viens **d'**Allemagne.

RENÉ : Salut. Je suis René. Tu parles **–** français ?

DANIELA : Oui, je l'apprends à l'école. **En** Allemagne, beaucoup d'élèves parlent **–** français.

RENÉ : **En** France et **en** Belgique les élèves parlent plus **–** anglais et **–** espagnol.

DANIELA : Oui, il y a quelques différences entre **l'**Allemagne et **la** France.

RENÉ : L'année dernière, mon ami Sébastien est allé **en** Allemagne, et il a dit que vous êtes plus grands que nous.

DANIELA : C'est vrai. Mais il y a aussi beaucoup de personnes grandes **en** Angleterre.

RENÉ : Moi, je vais souvent **aux** Pays-Bas, parce que ma tante habite **aux** Pays-Bas.

DANIELA : Et oui, **les** Pays-Bas sont très beaux. Mais je préfère **le** Portugal. Il fait souvent beau **au** Portugal, et **aux** Pays-Bas il pleut souvent.

RENE : C'est vrai. Je visite souvent **l'**Espagne, et **en** Espagne il fait aussi très chaud – et les gens sont très gentils.

DANIELA : Est-ce que tu parles **–** espagnol ?

RENÉ : Non, mais je parle **–** anglais et **–** français, donc ça va.

Aufgabe 3

a) **de la** limonade
b) **du** jus d'orange
c) **du** coca
d) **de l'**eau
e) **du** thé
f) **du** pain
g) **du** chocolat
h) **de la** confiture
i) **du** café
j) **du** gâteau

Aufgabe 4

a) Elle prend d'abord **du** lait et aussi **du** sucre.
b) Puis elle ajoute **des** œufs – six ou sept.
c) Après elle met **de la** crème et **de la** limonade. Mmh, c'est bon !
d) Oh, et il faut encore **des** fruits et **de l'**eau, **de la** farine, **du** sel et **du** chocolat.
e) Sandrine aime **les** bonbons. Donc, elle ne veut pas faire son gâteau sans **–** bonbons. Elle préfère **les** bonbons aux fraises, et voilà, avec les bonbons le gâteau est fini. Bon appétit !

Aufgabe 5

DANIELLE : Luc, est-ce que tu as acheté **de la** limonade et **du** coca ? C'est bête, une fête sans **–** coca.

LUC : Oui, oui, c'est fait. Mais il nous faut **de la** confiture pour les gâteaux et aussi **du** sucre.

DANIELLE : Non, grand-mère a déjà fait **des** gâteaux – il y a trois tartes aux fruits.

LUC : C'est super. Maman va nous préparer **des** sandwichs, donc il faut acheter **du** pain et **du** beurre. Moi, j'adore **les** sandwichs de maman !

DANIELLE : Moi, je préfère **la** salade. Donc, il faut acheter **des** carottes, **du** riz et **des** tomates pour une bonne salade.

LUC : Et il faut **du** café. Lucile veut toujours en boire une tasse à dix heures du soir.

DANIELLE : C'est vrai. Et n'oublions pas Dominique. Elle déteste **le** café, mais elle adore **le** chocolat. Il faut acheter **du** chocolat pour elle.

LUC : Oui, au supermarché alors. Et n'oublions pas tout ce qu'il nous faut pour un beau feu d'artifice !

Aufgabe 6 Aujourd'hui Nadine ne veut pas aller à l'école. Aujourd'hui elle va écrire un contrôle (**direktes Objekt**). Elle n'aime pas les contrôles (**direktes Objekt**), surtout en maths ! Hier elle a beaucoup travaillé, elle a montré tout son travail à son père (**indirektes Objekt**) et tout était correct.

Nadine entre dans la cuisine et dit à sa mère (**indirektes Objekt**) :

– Tu me (**indirektes Objekt**) prépares une baguette (**direktes Objekt**) ?
– Oui, bien sûr. Je te (**indirektes Objekt**) donne aussi une limonade et une banane (**direktes Objekt**), c'est bon pour les contrôles. Écoute, ta tante Claudine est tombée et elle ne peut pas marcher. Est-ce que tu peux aller la (**direktes Objekt**) voir après l'école ?
– D'accord. Je peux aussi aller à la boulangerie et lui acheter du pain (**direktes Objekt**).
– C'est une bonne idée, cela va lui (**indirektes Objekt**) plaire. Je vais t' (**indirektes Objekt**) écrire une liste pour la boulangerie.
– D'accord. Je vais la (**direktes Objekt**) mettre dans la poche de mon jean.

Deux heures plus tard, Nadine écrit le contrôle (**direktes Objekt**). Il n'est pas trop difficile. Le prof leur (**indirektes Objekt**) a donné les exercices et Nadine mange sa banane (**direktes Objekt**) – tout va bien. Les élèves ont déjà écrit beaucoup sur leurs (**Possessivbegleiter**) papiers quand le prof dit à Nadine (**indirektes Objekt**) :

– Tu as un papier (**direktes Objekt**) dans ta poche. Tu le (**direktes Objekt**) mets tout de suite sur la table ! Ce sont les solutions des exercices ?
– Mais non, monsieur. C'est une liste pour ma tante qui est malade. Je vous (**indirektes Objekt**) la (**direktes Objekt**) montre !

Aufgabe 7

a) Faire la cuisine, ça te plaît, Nadine ? – **Oui, ça me plaît.**
b) Regarder la télé, ça te plaît, maman ? – **Oui, ça me plaît.**
c) Travailler, ça vous plaît, Sandrine et Fabien ? – **Oui, ça nous plaît.**
d) Regarder la télé, ça vous plaît, Luc et Janine ? – **Non, ça ne nous plaît pas.**
e) Lire un livre, ça te plaît, Sébastien ? – **Non, ça ne me plaît pas.**
f) Regarder la télé, ça plaît à Sébastien ? – **Oui, ça lui plaît.**
g) Faire la cuisine, ça plaît à maman ? – **Oui, ça lui plaît.**
h) Lire un livre, ça plaît à maman ? – **Non, ça ne lui plaît pas.**
i) Téléphoner, ça plaît à M. Laubier ? – **Non, ça ne lui plaît pas.**
j) Travailler, ça plaît à Luc et Janine ? – **Non, ça ne leur plaît pas.**
k)–m) individuelle Fragen und Antworten nach dem gleichen Muster

Aufgabe 8 MÈRE : Ah, tu montres des photos à Michel.

ANNE : Oui, je **lui** montre des photos.

MERE : Vous écrivez une lettre à votre prof ?

ANNE : Non, nous ne **lui** écrivons pas de lettre. Nous faisons les devoirs.

MÈRE : Et tu expliques les devoirs à Michel ?

ANNE : Oui, je **lui** explique les devoirs de français.

MÈRE : Je peux **vous** apporter du gâteau, Anne et Michel ?

ANNE : Oui, tu peux **nous** apporter du gâteau, merci.

MÈRE : Anne, tu veux de la limonade ?

ANNE : Oui, tu peux **me** donner un verre, s'il te plaît.

MÈRE : Michel, tu n'aimes pas la limonade, donc je peux **t'**offrir un coca.

MICHEL : Oui, merci.

MÈRE : Anne, c'est l'anniversaire de tante Irène et de tante Sophie la semaine prochaine. Tu vas **leur** écrire une lettre ?

ANNE : Oui, maman.

MERE : Et dis à ton père qu'il faut téléphoner aux tantes.

ANNE : Oui, je vais **lui** dire qu'il faut **leur** téléphoner. Mais écoute, maman, nous partons maintenant. Nous ne pouvons pas travailler comme cela. Tu **nous** parles tout le temps et cela nous dérange !

Aufgabe 9

a) **Attendez, je vous ouvre la porte.**
b) Je **te montre la ville. /** Je **vous montre la ville.**
c) Je **vous écris une liste.**
d) Je **te fais un thé.**
e) Je **lui demande des renseignements.**
f) Qu'est-ce que j'achète ? – Le vendeur **me recommande ce livre.**
g) La voisine **nous a donné/leur donne des bonbons.**
h) L'enfant a oublié son argent. Le vendeur **lui offre une glace.**
i) Je vais **leur dire qu'il faut arrêter la musique.**

Aufgabe 10 Tamara et Stefan sont chez **leurs** amis Antoine et Fabienne en France. Fabienne et sa mère mettent la table.

FABIENNE : Maman, Tamara et Stefan ont oublié **leurs** pyjamas. Tu peux **leur** donner un pyjama de papa ?

MAMAN : Oui, d'accord. Et il faut que tu **leur** racontes aussi que les lits en France ne sont pas comme **leurs** lits en Allemagne.

FABIENNE : Oui, oui. Ils ont déjà mis **leurs** valises sur les lits, donc ils le savent. Où est-ce qu'ils peuvent mettre **leurs** vêtements ?

MAMAN : Tu as une armoire vide dans ta chambre, non ? Donc, tu peux **leur** offrir cette armoire. Ils peuvent mettre toutes **leurs** affaires là dedans. Qu'est-ce que vous faites ce soir ?

FABIENNE : Je **leur** montre la ville. Après on va chez grand-père. Il veut **leur** parler. J'espère qu'il ne va pas raconter des histoires de guerre.

MAMAN : Mais non. Il va **leur** offrir un apéritif, c'est tout. D'ailleurs, ils ne veulent pas téléphoner et parler à **leurs** parents pour dire qu'ils sont bien arrivés ?

FABIENNE : Oh, ils **leur** ont déjà téléphoné.

MAMAN : C'est bien. Oh, il est déjà deux heures. Tu **leur** dis que le repas est prêt, s'il te plaît. Ils peuvent ranger **leurs** affaires après.

FABIENNE : D'accord.

Aufgabe 11 *Lösungsvorschlag:*

Salut

Betreff: Salut

Chère maman, cher papa,

nous voilà en France, Stefan et moi. La famille française est très gentille et tout va bien. Il y a des différences entre l'Allemagne et la France. Les lits, par exemple, sont différents. Stefan et moi, nous avons oublié nos pyjamas, mais la mère d'Antoine et de Fabienne nous a donné un pyjama. Nous avons mis nos vêtements dans une grande armoire et le soir nous sommes allés voir le grand-père. Il est très gentil et raconte souvent des histoires de guerre. Il nous a offert un apéritif, un jus d'orange.
Le repas était très bon. On a mangé beaucoup de baguette et une quiche lorraine.
Maintenant je vais au lit.

Je vous embrasse,
Tamara

Aufgabe 12

MAMAN : Tu prends un anorak ?
MARCEL : Oui, j'en prends un.
MAMAN : Tu prends aussi une chemise.
MARCEL : Non, je n'**en prends** pas, je prends seulement des t-shirts.
MAMAN : Tu prends des livres ?
MARCEL : Oui, j'**en prends** un, c'est assez.
MAMAN : Tu veux de la limonade pour le voyage ?
MARCEL : Non, je **n'en prends** pas. Je prends du coca.

MAMAN : D'accord. Et prends aussi des sandwichs.
MARCEL : Oui, j'**en prends** deux. Et du chocolat.
MAMAN : Du chocolat ! **N'en prends** pas ! C'est trop sucré !
MARCEL : Mais non. Et j'**en prends** seulement un tout petit peu.

Aufgabe 13
a) Marcel va à la pharmacie. – Non, il **n'y va pas**. Il va chez le fleuriste.
b) Marcel achète des médicaments chez le fleuriste. – Non, il **n'y achète pas** de médicaments. Il achète des fleurs pour Jana.
c) Marcel pense au sirop contre la toux. – Non, il **n'y pense** pas. Il pense à Jana.
d) Marcel entre dans un magasin de CD. – Oui, il **y entre**.
e) Marcel achète un CD dans le magasin. – Oui, il **y achète** un CD.
f) Marcel va à la maison de Fabian. – Non, il **n'y va pas**. Il va à la maison de Jana.
g) Marcel est dans la maison de Jana. – Oui, il **y est**. Enfin il peut voir sa belle Jana.

Aufgabe 14
MME LAROCHE : Tu vas d'abord à la banque.
NADINE : Oui, j'**y vais**.
MME LAROCHE : Après, tu achètes des oranges au marché.
NADINE : Oui, j'**en achète**.
MME LAROCHE : Et tu achètes aussi des pommes de terre.
NADINE : Oui, j'**en achète**.
MME LAROCHE : Puis tu attends grand-mère dans le café.
NADINE : Oui, j'**y attends** grand-mère.
MME LAROCHE : Ensuite, tu accompagnes grand-mère à la maison.
NADINE : Oui, j'**y accompagne** grand-mère.
MME LAROCHE : Après, tu vas à la poste.
NADINE : Oui, j'**y vais**.
MME LAROCHE : Tu **y achètes** dix timbres.
NADINE : Oui, j'**en achète** dix.
MME LAROCHE : Tu achètes aussi deux enveloppes.
NADINE : D'accord, j'**en achète** deux.
MME LAROCHE : Ensuite, tu vas au supermarché.
NADINE : Oui, j'**y vais**.
MME LAROCHE : Tu achètes un kilo de café.
NADINE : Oui, j'**en achète** un kilo, j'ai compris.

MME LAROCHE : Et n'oublie pas le vin. Tu **en achètes** deux bouteilles, d'accord ?

NADINE : D'accord. Et le lait ? J'**en achète** aussi ?

MME LAROCHE : C'est une bonne idée. Tu **en achètes** deux litres. Tu peux acheter tout cela au supermarché.

NADINE : Oui maman. C'est vraiment beaucoup à acheter !

MME LAROCHE : Et finalement, tu achètes une grande glace.

Nadine : Oh, merci, j'**en achète**, bien sûr.

Aufgabe 15

MME DUPONT : Tu veux encore un peu de soupe, chéri ?

M. DUPONT : Oui, j'**en** prends encore un peu. Où est la baguette ?

JEANNE : À la cuisine. J'**y** vais pour la chercher. J'**en** veux aussi.

MME DUPONT : La baguette est dans le sac !

JEANNE : D'accord. J'**y** regarde.

MME DUPONT : À la cuisine il y a aussi les tomates. Tu **en** veux ?

JEANNE : Non, merci. Mais Bastien **en** mange normalement, donc j'**en** apporte deux. Où sont les tomates ?

MME DUPONT : Mais regarde. Elles sont aussi dans le sac.

JEANNE : Oui, oui. J'**y** regarde. Ah, les voilà.

Jeanne revient de la cuisine.

BASTIEN : Apporte aussi le fromage. J'**en** veux ce soir.

JEANNE : Il est dans la cuisine. Tu **y** vas maintenant !

BASTIEN : Toujours moi. Vous aimez aussi le fromage.

MME DUPONT : Bastien, tu veux **en** manger, alors tu vas le chercher !

BASTIEN : Ce n'est pas juste. C'est toujours moi.

MME DUPONT : Bastien, tu prends encore de la salade ?

BASTIEN : Ah oui, j'**en** mange encore. Elle est bonne.

JEANNE : Mais ne mange pas tout. J'**en** veux aussi !

M. DUPONT : Arrêtez ! Il y **en** a pour tout le monde.

JEANNE : Normalement Bastien met sa fourchette dans le saladier …

BASTIEN : Je n'**y** mets jamais ma fourchette !

MME DUPONT : Fini la discussion ou vous allez dans vos chambres !

BASTIEN : Je n'**y** vais pas, c'est Jeanne qui a des problèmes avec la salade.

M. DUPONT : Fini. Vous allez tous les deux dans vos chambres et vous **en** revenez quand maman et moi nous avons fini notre salade.

Aufgabe 16

a) Céline, je ne peux pas vivre sans **toi**.
b) Tu ne peux pas vivre sans **moi** ? Et Christine ? Tu peux vivre sans **elle** ? Et Sandrine et Mathilde ?
c) C'est fini avec **elles**.
d) Mais Laurent et Bastien, **eux**, ils t'ont vu avec une fille blonde.
e) Je vais souvent au cinéma avec ma sœur. C'est **elle** qui est blonde. Tu vas à la piscine avec **moi** cet après-midi ?
f) D'accord. Nadine et Simone, **elles**, y vont aussi. Tu peux venir avec **nous**.
g) Mais je veux y aller seulement avec **toi**.
h) Peut-être demain. Je pense à **toi**.

Aufgabe 17

NICOLAS : **Moi**, j'ai une tante qui habite en Amérique. Je m'entends très bien avec **elle**. Elle envoie souvent de super grands cadeaux, seulement pour **moi**.

CLOTAIRE : Phh, **nous**, nous avons un oncle qui habite en Australie. **Lui**, il nous envoie 1 000 euros chaque semaine. Et quand il vient en France, je vais dans un restaurant très chic avec **lui**.

JOACHIM : **Toi**, tu as peut-être une tante en Amérique, mais **moi**, j'ai un oncle qui est une superstar ! Et ma tante aussi ! Avec **eux/elle**, je vais au Disneyland à Paris chaque année.

ALCESTE : Et alors ? Mon papa, **lui**, il est dans la police, et il arrête tous les criminels de la France !

AGNAN : Oh, **vous**, vous mentez. Mais **moi**, je suis bon en maths et en astronomie, et un jour je vais aller sur la planète Mars ! Et les gens sur cette planète sont gentils. **Eux**, ils ne se moquent pas de moi comme **vous**.

Aufgabe 18*

a) Nous allons en ville? – Oui, on **y** va.
b) Tu portes le sac, maman ? – Oui, je **le** porte.
c) On rend visite aussi à l'oncle Martin ? – Oui, on **lui** rend visite.
d) Qu'est-ce qu'on achète pour papa ? – On **lui** achète un CD.
e) Et pour grand-mère et grand-père ? – On **leur** achète quelques bonbons.
f) Mmh, je peux aussi avoir des bonbons? – Non, tu ne peux pas **en** avoir. Tu **en** manges déjà trop !
g) Mais tu m'achètes une pomme alors ? – Oui, je t'**en** achète une.
h) Est-ce que nous allons aussi à la poste ? – Non, on n'**y** va pas. Pourquoi ?
i) Je veux envoyer une lettre à Monique. J'ai une lettre pour **elle**. – D'accord. On va alors à la poste.

j) Je peux aller au supermarché avec Violette. – D'accord. Je **t'**écris une liste.
k) Je vais acheter un CD pour Marc. Je veux **lui** offrir le CD pour son anniversaire. – C'est une bonne idée.
l) On a encore des baguettes ? – Il n'y **en** a plus. On va à la boulangerie pour **en** acheter deux.
m) Pense aussi au fromage ! – Oui, oui, j'**y** pense.
n) Et n'oublions pas les gâteaux. – Ah, on ne va sûrement pas **les** oublier.
o) Tu prends aussi une tarte ? – Non, je n'**en** prends pas. Il y **en** a encore une au frigo.
p) Oh, mais il n'**y** en a plus ! Papa **en/l'**a mangé ! – Bon, alors on achète une tarte aux fraises. Papa ne **l'**aime pas !

ufgabe 19
a) Ouvre-moi la porte, s'il te plaît.
b) Ne te lève pas après huit heures.
c) Apporte-lui ce sandwich.
d) Offre-lui du gâteau et quelque chose à boire.
e) Ne l'écoutez pas dans la cuisine.
f) Téléphone-leur ce soir.
g) Écris-lui après le repas.
h) Achète-la chez le boulanger Divine.
i) Ne l'achète pas au supermarché.
j) Ne vous couchez pas trop tard.
k) Donne-la à ton oncle et lis un livre.

ufgabe 20
a) J'aimerais lire. **Donne-moi** le livre, s'il te plaît.
b) Non, pas *Astérix et Obélix*. Ne **me donne pas** une bande dessinée mais un livre.
c) J'ai soif. **Apporte-moi** une limonade, s'il te plaît.
d) Non, je n'aime pas le coca. **Ne m'apporte pas** de coca !
e) Je ne sais pas quoi faire. Je veux parler à Elodie et Karima. **Téléphone-leur**, s'il te plaît.
f) Elodie et Karima vont bientôt arriver. **Offre-leur** des bonbons et du chocolat.
g) Oh, il y a des vêtements sur la chaise. **Mets-les** dans la salle de bains, s'il te plaît.
h) Regarde, le chat est parti. **Cherche-le**, s'il te plaît.
i) Ah, tu as trouvé le chat ! Il est parti par la fenêtre. **Ferme-la**, s'il te plaît.

j) J'aimerais aller dans la salle de bains. **Aide-moi**, s'il te plaît.
k) Je ne peux pas ouvrir la bouteille de shampooing. **Ouvre-la** pour moi, s'il te plaît.
l) Non, je ne veux pas me laver les dents. **Ne m'ouvre pas le** dentifrice, mais le shampooing !
m) Salut Elodie et Karima. **Mettez-vous** sur mon lit.
n) Oh, le prof vous a donné les contrôles ? **Lisez-moi** ce que le prof a écrit sous mon contrôle.
o) Elodie et Karima, **ne vous mettez pas** sur ma jambe.
p) **Levez-vous**, s'il vous plaît, ça me fait mal.
q) Serge, voilà des bonbons. **Offre-les** aux filles, s'il te plaît.
r) **Promenez-vous**, je vais lire un peu.
s) **Amusez-vous**, j'ai un livre et un journal pour lire un peu.

Aufgabe 21

a) **cette** maison
b) **cet** artichaut
c) **cette** histoire
d) **cet** hôtel
e) **ces** voitures
f) **ce** coca
g) **cet** arbre
h) **cette** limonade
i) **cette** chambre
j) **ces** promenades
k) **ces** ballons
l) **ces** pommes
m) **cette** année
n) **ce** club
o) **cette** boulangerie
p) **ce** chien
q) **cette** usine
r) **cet** enfant
s) **cette** copine
t) **ce** copain

Aufgabe 22

VALÉRIE : Oh, regarde **ce** pantalon-là. Tu l'aimes ?
CHRISTINE : Non, pas vraiment. Je n'aime pas **cette** couleur. **Ce** bleu ne me plaît pas.
VALERIE : C'est l'anniversaire de mon père demain et je cherche un cadeau pour lui. Il coûte combien, **ce** pull-là ?
CHRISTINE : Il est trop cher. Regarde **cette** chemise verte, elle est moins chère.
VALÉRIE : Papa n'aime pas **ces** chemises modernes. Mais **ce** blouson-là, il est joli.
CHRISTINE : Valérie ! **Ces** blousons, ils sont pour les jeunes et non pas pour un homme de 45 ans !
VALERIE : Tu trouves ? Oui, peut-être. Bon, je vais lui acheter un CD. Tu penses que papa aime **ce** CD ?

CHRISTINE : Un groupe de rock ? Je ne sais pas si ton père aime **cette** musique. Il ne préfère pas la musique classique ?

VALÉRIE : Si. Mais il va peut-être aller à **ce** concert de rock à Paris avec moi s'il aime le CD.

CHRISTINE : Tu es optimiste. Mais **cette** idée, elle est bonne. Il faut éduquer les parents !

ufgabe 23 LEONIE : Regarde, voilà Simon. C'est un garçon **intéressant**.

SANDRINE : Tu trouves ? Mais il est trop petit ! Moi, je préfère les **grands** garçons.

LÉONIE : Il a 18 ans. Il a une voiture, une **belle** voiture **rouge**.

SANDRINE : Et alors ? Luc a une **jolie** moto **verte**.

LEONIE : C'est vrai. Est-ce que tu as vu son **petit** chien ? Il l'a acheté en Allemagne, donc c'est un chien **allemand**.

SANDRINE : C'est drôle. Lucile, elle a un perroquet **italien** qui parle beaucoup – mais il ne parle pas français !

LÉONIE : Tiens, voilà le **nouveau** prof. Oh, c'est un **beau** prof !

SANDRINE : Et c'est aussi un **vieux** prof. Il a au moins 40 ans !

LÉONIE : Tu penses ? Oui, peut-être. Et qu'est-ce qu'il fait avec ces cahiers **bleus** ? Il nous apporte un contrôle ?

SANDRINE : Mais non. C'est un cahier normal. Regarde, Julie le regarde avec ses **grands** yeux **bleus**. Elle a peur des contrôles.

LEONIE : Tiens, voilà le **jeune** assistant **allemand**, Thomas. C'est un **jeune** homme **intéressant**. Et il a une **jolie** petite amie qui s'appelle Theresa. Elle est Allemande aussi.

ufgabe 24

a) une voiture **bleue**
b) une **jolie** femme
c) une maison **intéressante**
d) un groupe **allemand**
e) une **petite** fille
f) des citrons **jaunes**
g) des pommes **vertes**
h) un **petit** chien
i) une **grande** souris
j) des fruits **intéressants**

Aufgabe 25

a) un **vieux** pantalon
b) une chemise **violette**
c) une jupe **bleue**
d) des chaussures **orange**
e) des pullovers **chers**
f) un **nouveau** manteau
g) un **bel** anorak
h) des bonbons **orange**
i) des livres **gris**
j) une **belle** pomme
k) une bouteille **blanche**
l) une fleur **violette**
m) un clown **gentil**
n) une **belle** carte postale
o) des carottes **vieilles** et **grises**
p) une **vieille** banane
q)–u) individuelle Antworten

Aufgabe 26

	François, le garçon, dit :	**François pense :**
a)	« Ce chien, c'est un **bel** animal.	*C'est un* **vieil** *animal.*
b)	Mettez-vous sur la **nouvelle** chaise.	*C'est une* **vieille** *chaise.*
c)	Le vin **blanc** est très bon.	*Le vin* **rouge** *est meilleur.*
d)	Cette chemise **violette** est très **belle**.	*Cette chemise est* **vieille** *et* **grise**.
e)	Oh madame, aujourd'hui vous êtes très **jolie**. Vous êtes **heureuse**, n'est-ce pas ?	*Elle n'est plus* **jeune**, *cette dame.*
f)	Aujourd'hui, les baguettes ne sont pas **chères**.	*Les pains au chocolat sont encore moins* **chers**.
g)	Oh, une **belle** jupe **orange**.	*C'est une jupe* **chère**.
h)	Vos deux filles sont très **gentilles**.	*Ce ne sont pas des filles* **modestes**.
i)	Voilà une **belle** table.	*Oh, la table est* **sale**.
j)	Ce sac **violet** est très élégant. »	*Ce* **vieux** *sac est démodé.*

Aufgabe 27 MARCEL : Donc, tu aimes la **belle** Provence ?

TIM : Elle est **super** ! Le ciel est **bleu**, les arbres sont **verts**, les filles sont **jolies**…

MARCEL : Regarde, le **vieux** château là, et la **vieille** maison **orange**, ils sont **beaux**.

TIM : Tu vois les **vieux** arbres à côté des maisons **grises** ? Ils sont **extra** !

MARCEL : Oh oui, au soleil ils sont presque **blancs**. D'ailleurs, tu veux aller visiter la **belle** Camargue ? Là, il y a des chevaux **blancs**. Les touristes les aiment !

TIM : Non merci, moi, je préfère les **vieilles** églises et les **vieux** immeubles. Et aussi les **vieilles** fermes !

MARCEL : Je comprends. Mais les filles, tu les préfères **jeunes**, n'est-ce pas ?

TIM : Oh oui. D'ailleurs, les gens ici sont très **gentils**.

MARCEL : Oui, ils sont peut-être **heureux** de vivre dans cette **belle** région ! Regarde le champ **violet**. C'est la lavande ! Elle est **violette**. La Provence est connue pour ses **grands** champs de lavande.

TIM : Tu sais, on ne peut pas aller à Avignon ? Je veux voir ce pont **intéressant** de la **belle** chanson !

MARCEL : Oui, on peut y aller. C'est une ville très **jolie**. Mais tu dois danser sur le **vieux** pont !

Aufgabe 28

a) La Tour Eiffel **est plus haute que** la Grande Arche.
b) La Grande Arche **est** moins haute **que** la Tour Montparnasse.
c) La Tour Montparnasse **est plus haute que le Parlement européen**.
d) **La Grande Arche est plus haute que le Parlement européen**.
e) **Le Parlement européen est moins haut que la Tour Montparnasse**.
f) **La Tour Montparnasse est moins haute que la Tour Eiffel**.

Le Parlement européen est moins haut que la Tour Eiffel. /
La Tour Eiffel est plus haute que le Parlement européen.
La Tour Eiffel est le monument le plus haut.
Le Parlement européen est le bâtiment le moins haut.

Aufgabe 29

a) M. Lemarc **est plus gros** que M. Tartan.
b) Bernard **est moins sportif** que Michel.
c) Sandrine **est aussi intelligente** que Silvie.
d) Les oranges **sont aussi chères** que les pommes.
e) La maison **est moins grande** que l'immeuble.

f) La souris **est plus petite** que le perroquet.
g) Londres **est aussi intéressant** que Paris.
h) Stéphanie **est moins heureuse** que Roland.
i) Mme Mont **est plus vieille** que Laurent.
j) La nouvelle église **est plus belle** que la vieille église.

Aufgabe 30
a) – Il est beau, ce jardin.
– Oui, c'est vrai, c'est **le jardin le plus beau** ici.
b) – Il est petit, ce restaurant.
– Oui, c'est vrai, c'est **le restaurant le plus petit** ici.
c) – Elle est élégante, cette dame.
– Oui, c'est vrai, c'est **la dame la plus élégante** ici.
d) – Il est gentil, ce chien.
– Oui, c'est vrai, c'est **le chien le plus gentil** ici.
e) – Ils sont bêtes, ces garçons !
– Oui, c'est vrai, ce sont **les garçons les plus bêtes** de notre classe.
f) – Il est vieux, cet arbre.
– Oui, c'est vrai, c'est **l'arbre le plus vieux** ici.
g) – Elles sont gentilles, ces vendeuses *(Verkäuferinnen)*.
– Oui, c'est vrai, ce sont **les vendeuses les plus gentilles** de ce magasin.
h) – Il est intelligent, ce garçon.
– Oui, c'est vrai, c'est **le garçon le plus intelligent** de notre classe.
i) – Elles sont grosses, ces aubergines.
– Oui, c'est vrai, ce sont **les aubergines les plus grosses** du marché.
j) – Il est drôle, ce comédien.
– Oui, c'est vrai, c'est **le comédien le plus drôle** de France.
k) – Elle est haute, cette tour.
– Oui, c'est vrai, c'est **la tour la plus haute** ici.

Aufgabe 31*
a) Sophie **est moins bonne** en biologie que Muriel.
b) Marc **est le meilleur** en allemand.
c) Marc **est meilleur** en SVT que Muriel.
d) Sébastien **est aussi bon** en SVT que Marc.
e) Sophie **est meilleure** en maths que Marc.
f) Marc **est aussi bon** en français que Sophie.
g) Muriel **est la meilleure** en français.
h) Sophie **est aussi bonne** en maths que Muriel.
i) Muriel **est la moins bonne** en allemand.

j) Sébastien **est moins bon** en français que Muriel.
k) Sophie **est moins bonne** en biologie que Marc.
l) Muriel **est meilleure** en biologie que Marc.
m) Sophie **est la moins bonne** en SVT.

Aufgabe 32 *Lösungsvorschlag:*

> Tu es un élève? Tu as beaucoup de travail? Tu n'aimes pas les devoirs mais tu aimes le sport, les fêtes et les copains?
> Nous pouvons t'aider! Achète le nouvel ordinateur « Mimi » et tu n'auras plus de problèmes! « Mimi » fera tous les devoirs pour toi. Raconte-lui quels sont tes devoirs - et quitte ta chambre. Amuse-toi, fais du sport, gagne un peu d'argent. Quand tu rentres le soir, « Mimi » a tout fait. Tes profs seront heureux, tu auras de bonnes notes.
> « Mimi », c'est le meilleur ordinateur en France.

… rund ums Verb

Aufgabe 33

je	T R A V A I L L E	T
vous	P R E N E Z	R
il	A C H È T E	È
tu	R E N D S	S
nous	B U V O N S	B
je	L I S	I
nous	S O M M E S	E
ils	V O N T	N
ils	F O N T	F
nous	M A N G E O N S	A
vous	D I T E S	I
ils	M E T T E N T	T

Lösungswort: très bien fait

Aufgabe 34

Verben auf *-er*	Verben auf *-dre*	Verben auf *-ir*	unregelmäßige Verben
regardé	répondu	fini	offert
mangé	perdu	dormi	eu
commencé	descendu	sorti	vu
acheté	rendu	parti	été
tombé	attendu	senti	cru

Aufgabe 35 « Ce soir je suis vraiment fatigué. Aujourd'hui, j'ai **eu** un mauvais jour. Ce matin, le chat a **mangé** mon petit déjeuner. J'ai **préparé** un nouveau petit déjeuner, alors je suis **arrivé** en retard à l'école. Quand je suis **entré** au lycée, il y avait beaucoup de bruit. Un élève de ma classe a **crié** : « Il arrive ! » et quand j'ai **ouvert** la porte de ma classe un ballon est **parti** par la fenêtre ouverte. Nous n'avons plus **travaillé** parce que les élèves ne pouvaient plus se concentrer ! Et plus tard un autre professeur nous a **dit** de ne pas faire trop de bruit ! L'après-midi, j'ai **oublié** mon porte-monnaie à la boulangerie, ensuite j'ai **eu** mal au ventre. Et maintenant j'aimerais une tasse de café, s'il te plaît. »

Aufgabe 36 « Eh bien, nous **dormons** jusqu'à sept heures du matin. Moi, je **sors** de mon lit à six heures trente et mon entraîneur **vient** et il m'**offre** du café.
Après le petit déjeuner nous **sortons** de notre caravane. Pour commencer, nous **courons** deux kilomètres, puis l'entraîneur nous **offre** quelque chose à boire. Puis il dit : « **Venez** dans ma caravane et je vous donne les tricots. » C'est l'entraîneur chez nous qui a tous les tricots.
Maintenant nous sommes tous très nerveux. Mais l'entraîneur **réfléchit**, il **choisit** bien ses mots et il **réussit** toujours à nous calmer. Quand une nouvelle étape commence, nous **réagissons** le plus vite possible au départ. Les gens **viennent** de toute la France pour nous voir, donc je **sors** très vite. Après tu ne **réfléchis** pas beaucoup, tu **réagis** seulement. L'entraîneur **choisit** la tactique et les sportifs **réagissent**. Quand nous **finissons**, ce sont le sportif et l'entraîneur qui ont travaillé et gagné. Les sportifs **viennent** de France, d'Allemagne, d'Amérique – de partout – et j'aime cela. »

Aufgabe 37 Ma chère maman, Rouen, le 18 août

nous voilà à Rouen chez grand-mère et grand-père. C'est super !
Je **dors** jusqu'à dix heures le matin. Philippe **sort** de son lit à dix heures et demie – il **finit** toujours sa bande dessinée avant le petit déjeuner. Grand-père **part** à huit heures, il **offre** une visite de Rouen aux touristes. Ces touristes **viennent** de partout, ils **sortent** de leur bus, **courent** à travers Rouen pendant 30 minutes, ils **écoutent** grand-père et puis ils **continuent** leur voyage. Et ils **appellent** cela « visiter Rouen » ! Pour moi, ils **mentent**.
Philippe et moi, on **court** dans le jardin où nous **restons** presque toute la journée. Grand-mère nous **offre** tout le temps du bon gâteau. Tu **sais**, elle est super – le soir, elle **vient** même dans ma chambre pour me raconter une histoire.
Et vous ? Quand est-ce que vous **venez** en Normandie ?
Gros bisous,
Sandrine

Aufgabe 38

a) Mes grands-parents vivent en Normandie. La Normandie plaît aussi à Philippe et moi.
b) Grand-père connaît bien Rouen. Il reçoit les touristes Place du Vieux Marché.
c) Grand-mère rit beaucoup. Elle envoie souvent des lettres à maman.
d) Papa construit une petite maison dans le jardin pour les grands-parents.
e) Là, grand-mère conduit une Renault. Elle veut aller au supermarché à Rouen.
f) Voilà Philippe et papa. Ils paient des pommes. Ils veulent faire du calvados.
g) Là, nous voulons visiter le Mont-Saint-Michel. Grand-mère conduit sa Renault.
h) À midi, nous faisons un pique-nique dans la forêt. Les grands-parents connaissent bien la forêt.

Aufgabe 39 M. et Mme Steiger **se trouvent** à Paris. Ils ne connaissent pas la ville et donc ils **s'arrêtent** dans un parc pour regarder le plan de la ville. Ils sont fatigués, alors ils **se reposent** un peu. Un monsieur arrive. Ils **s'adressent** à ce monsieur.

MME STEIGER : Excusez-moi, monsieur. Nous **nous demandons** où **se trouve** le Louvre. Je **m'intéresse** à la Joconde[1] et M. Steiger **s'intéresse** aux statues.

LE MONSIEUR : Je ne **m'intéresse** pas à l'art, mais je peux vous aider. Vous **vous trouvez** directement devant le Louvre. C'est le grand bâtiment là-bas !

Aufgabe 40

a) À huit heures, Zaz se lève.
b) À huit heures et quart, elle se lave les cheveux.
c) À huit heures et demie, elle s'habille.
d) À neuf heures, Zaz et une amie se mettent à table dans un hôtel.
e) À dix heures, elle s'inquiète parce qu'elle va arriver trop tard au studio.
f) À dix heures et quart, elle s'excuse, puis elle enregistre la nouvelle chanson.
g) À une heure, Zaz se met à table pour le repas.
h) À trois heures, elle se trouve dans un restaurant. Elle donne des autographes.
i) À sept heures, elle se sent fatiguée. Elle se repose.
j) À huit heures, elle s'adresse à ses fans dans un concert.
k) Après le concert, elle se sent très bien.
l) Elle prend une douche et puis elle se couche.

Aufgabe 41

« Alors, bonsoir. Bienvenue dans les Vosges. Il y a quelques choses à discuter et à savoir. Donc, il y a des choses dangereuses ici, alors **soyez** prudents. Ne **quittez** jamais le groupe. Ne **faites** pas de promenades sans le groupe. **Ayez** toujours un guide avec vous dans la montagne. **Travaillez** ensemble. **Suivez** toujours les instructions des guides. **Informez** les guides quand il y a un accident ou **courez** au téléphone et **appelez** les secours. Ne **riez** pas, ce n'est pas amusant. Ne **buvez** pas d'alcool, c'est interdit. Quand vous quittez le groupe, **dites**-le au guide. Et maintenant j'ai faim. **Passe**-moi le pain, Philippe, s'il te plaît.

Aufgabe 42

1. a, c, d, g, j, n
2. a, f, i, l, m, p
3. b, e, f, h, j, k, o

Aufgabe 43

a) … il faut une grande voiture.
b) … il faut une petite maison.
c) … il me faut beaucoup de livres intéressants.
d) … il te faut du soleil et une plage.
e) … il nous faut un bon restaurant.
f) … il faut acheter quelque chose au supermarché.
g) … il faut trouver des amis.

h) … il ne faut pas beaucoup de vêtements.
i) … il ne faut pas avoir peur de l'eau.
j) … il te faut un matelas pneumatique.
k) … il nous faut manger beaucoup de glace.
l) … il ne faut pas travailler pour l'école à la plage.
m) … il nous faut un peu d'argent.
n) … il faut acheter du fromage au marché.
o) … il te faut un petit bateau.
p) … il me faut un journal et des bonbons.

ufgabe 44 On **a construit** la Tour Eiffel de 1887 à 1889. On **a commencé** la construction en janvier 1887, et le 31 mars 1889 Gustave Eiffel **est venu** pour monter sur la tour. Pourquoi est-ce que les Français **ont construit** cette tour ? En 1889 la France **a célébré** le 100e anniversaire de la Révolution Fran-çaise et en plus l'Exposition Universelle **a ouvert** ses portes. Beaucoup de gens **sont venus** pour visiter cette Exposition, et donc on **a voulu** une tour spéciale. On **a choisi** Eiffel comme constructeur, Charles Sauvestre comme architecte.

Au début Eiffel **a appelé** la tour « la tour de 300 mètres », mais quelques Parisiens qui n'aimaient pas le monument **ont appelé** cette tour « Tour Eiffel ». Quelque temps après, ce nom **est devenu** normal. Les visiteurs de l'Exposition **sont venus** de beaucoup de pays et alors la Tour Eiffel **est devenue** très connue.

Aujourd'hui la Tour Eiffel est le symbole de Paris et les touristes disent : « J'**ai vu** la Tour Eiffel, donc je connais Paris. »

Aufgabe 45

						a								
						l					m			
			f	a	l	l	u				o			
			a			é					n			l
f	i	n	i								t	e	n	u
			t	r	a	v	a	i	l	l	é			
							r				e			
		r	e	t	o	u	r	n	é	s				
							i		t					
		p					v		é	c	r	i	t	
		a	c	h	e	t	é							
		y			u									
		é												

Aufgabe 46 En mars dernier j'**ai** visité New York. Enfin ! Je **suis** monté sur le Empire State Building, je **suis** allé voir Broadway, j'**ai** fait une promenade dans le Central Park – et j'**ai** vu la Statue de la Liberté. J'**ai** rencontré mon ami Steven au port et puis nous **avons** pris le bateau. Sur le bateau un monsieur **est** venu et il **a** raconté tout sur Ellis Island, Liberty Island et la Statue.
Un architecte français, Frédéric-Auguste Bartholdi, **a** construit la Statue. Les Français **ont** offert la Statue aux Américains, c'était un cadeau. Bartholdi **a** travaillé plus de 21 ans pour avoir une statue idéale qui montre bien l'idée de la liberté. En 1886 Bartholdi **a** fini sa statue et on **a** transporté la « dame » à New York. La statue **est** arrivée en beaucoup de pièces, comme un puzzle et le 28 octobre 1886 elle **a** trouvé sa place sur Liberty Island.

Aufgabe 47 L'après-midi du 24 décembre, j'**ai acheté** le cadeau pour maman. Je **suis partie** à deux heures et je **suis rentrée** à six heures. Le reste de la famille **est resté** à la maison. Maman **a décoré** l'arbre de Noël, mon frère, et papa **ont préparé** le repas. Puis, nous **avons mis** nos pantoufles sous l'arbre. Grand-mère **a fait** la bûche de Noël, un gâteau spécial. Grand-père **est descendu** de sa chambre pour l'aider.

Le soir, nous **avons pris** le repas en famille. Après, Frédéric et moi, nous **sommes montés** dans nos chambres. Pendant la nuit, le Père Noël **est descendu** par la cheminée et il **a mis** les cadeaux dans les pantoufles.
Le matin du 25 décembre, Frédéric et moi, nous **sommes descendus** de nos chambres pour ouvrir des cadeaux. Après le petit déjeuner toute la famille **est allée** à la messe et après nous **avons pris** le déjeuner ensemble. On **a chanté** quelques chants de Noël et Frédéric **a joué** avec ses cadeaux.

ufgabe 48

a) Mais monsieur, je n'ai pas parlé avec ma voisine.
b) Mais monsieur, je n'ai pas écrit dans mes livres.
c) Mais monsieur, je ne suis pas montée sur la table.
d) Mais monsieur, je n'ai pas mangé pendant le cours.
e) Mais monsieur, je n'ai pas téléphoné avec mon portable.
f) Mais monsieur, je n'ai pas lu cette bande dessinée.
g) Mais monsieur, je ne suis pas allée à la cantine et je ne suis pas arrivée en retard.
h) Mais monsieur, je n'ai pas dormi.
i) Mais monsieur, je n'ai pas écrit de lettres à ma voisine.
j) Mais monsieur, je n'ai pas regardé par la fenêtre.
k) Mais monsieur, je n'ai pas fait de bruit.

ufgabe 49

a) Toute la famille est venue.
b) J'ai fait la bise à tout le monde. / On a fait la bise à tout le monde.
c) Tout le monde a pris l'apéritif. / On a tous pris l'apéritif.
d) On a beaucoup mangé.
e) On a mangé pendant des heures.
f) On a servi de la baguette avec tout.
g) Nous avons dansé. / Tout le monde a dansé. / J'ai dansé.
h) Nous avons joué aux boules. / On a joué aux boules./J'ai joué aux boules.
i) Les gens ont parlé très vite. Ils ont tous parlé en même temps.
j) On est resté/nous sommes restés jusqu'à minuit.
k) On a encore fait la bise à tout le monde pour dire « au revoir ».

ufgabe 50

a) À huit heures, Zaz s'est levée.
b) À huit heures et quart, elle s'est lavé les cheveux.
c) À huit heures et demie, elle s'est habillée.

d) À neuf heures, Zaz et une amie se sont mises à table dans un hôtel.
e) À dix heures elle s'est inquiétée parce qu'elle allait arriver trop tard au studio.
f) À dix heures et quart, elle s'est excusée, puis elle a enregistré la nouvelle chanson.
g) À une heure, elle s'est mise à table pour le repas.
h) À trois heures, elle s'est trouvée dans un restaurant. Elle a donné des autographes.
i) À sept heures, Patricia s'est sentie fatiguée. Elle s'est reposée.
j) À huit heures, elle s'est adressée à ses fans dans un concert.
k) Après le concert, elle s'est sentie très bien.
l) Elle a pris une douche et puis elle s'est couchée.

Aufgabe 51 « Je **me suis levée** à sept heures – une heure plus tôt que normalement. J'étais très nerveuse ! Je **me suis lavée**, mais je **me suis lavé** seulement les mains, j'étais si nerveuse. Ma sœur Eliane **s'est réveillée** parce que j'ai fait du bruit et nous **nous sommes habillées**. Nous **nous sommes mises** à table et Eliane a bien mangé – mais je n'ai rien mangé – j'étais si nerveuse ! Je **me suis inquiétée** tout le temps et j'ai juste mangé un peu de baguette. Eliane a parlé tout le temps pour m'aider – elle est vraiment gentille. Je **me suis excusée** parce que je n'ai rien dit et elle a compris – j'étais si nerveuse ! Finalement nous sommes parties. Nous **nous sommes arrêtées** chez le boulanger pour acheter du pain. Je **me suis inquiétée** parce que je ne voulais pas être en retard. J'étais si nerveuse !
Finalement nous **nous sommes trouvées** à l'école. En classe je **me suis mise** à ma table et je **me suis demandée** pourquoi je n'étais pas à la maison – malade… Le prof est arrivé et il **s'est adressé** à moi tout de suite. Il a dit : « Mathilde, je pense que tu as tout compris, donc un examen oral n'est pas vraiment nécessaire. » J'ai regardé le prof… et je **me suis demandée** : Pourquoi est-ce que tu as travaillé si dur ? J'ai dit cela au prof – il m'a examinée et tout **s'est passé** très bien – et je n'étais plus nerveuse.
Et l'après-midi, Eliane, mes amis et moi, nous **nous sommes reposés** à la piscine. »

ufgabe 52 *Lösungsvorschlag:*

la maison	l'école	les vacances
la chambre	le professeur	la mer
l'architecte (m.)	l'adolescent (m.)	l'argent de poche (m.)
l'ascenseur (m.)	l'avis (m.)	le bateau
l'appartement (m.)	la bêtise	le bord de la mer
le bâtiment	la cantine	la plage
la cuisine	le cahier	la fête
la salle de séjour	la classe	le bus
la salle de bains	le collège	le camping
le jardin	le contrôle	la carte postale
la table	le cours	le poisson
la chaise	la cour	la glace
la tasse	le stylo	le soleil
l'escalier (m.)	la note	le train
le fauteuil	le devoir	le jeu

ufgabe 53 Est-ce que tu connais Astérix et Obélix ? Bien sûr ! Mais qui **a écrit** la bande dessinée et qui **a fait** les dessins ?

Entre 1920 et 1930, Albert Uderzo, un garçon français d'une famille italienne, **a lu** sa première bande dessinée : « Mickey Mouse ». Il **a trouvé** ces dessins fantastiques et il **s'est décidé** à dessiner. À l'âge de 14 ans il **a appris** à faire ses premiers dessins et depuis il **n'a plus arrêté** de dessiner. Il **a créé** beaucoup de personnages, mais ces personnages **ne sont jamais devenus** aussi populaires qu'Astérix plus tard.

En 1951 René Goscinny **est venu** d'Amérique et il **a rencontré** Uderzo. Depuis ce jour, les deux hommes **ont travaillé** ensemble. Goscinny **a écrit** les textes et Uderzo **a fait** les dessins. En 1959 ils **ont créé** « Astérix le Gaulois ». Cette bande dessinée **est** vite **devenue** un best-seller en France et bientôt les gens en Allemagne, en Angleterre, etc. **se sont intéressés** au petit Astérix, donc on **a écrit** les textes en plus de 40 langues.

En 1977 Goscinny est mort – c'était un choc pour toute la France. Mais Uderzo **ne s'est pas reposé**. Il **a continué** le travail et depuis il **a fait** les dessins et les textes. Aujourd'hui il y a 35 titres différents et on **a vendu** des millions de bandes dessinées. On **a** même **fait** 12 films !

Aufgabe 54

Salut, ma belle. Je t'ai vue à Strasbourg, samedi dernier, à 18 heures. Tu **étais** devant le magasin Galérie Lafayette, et tu **attendais** quelqu'un. Tu **portais** un manteau noir et des chaussures rouges. Tu **regardais** les articles des magasins et tu **avais** un journal sous ton bras. Mais le plus important – tu **étais** si belle !
Moi, j'**attendais** le bus de l'autre côté de la rue et j'**étais** fasciné par tes yeux bruns et tes cheveux noirs. Je **voulais** te parler, mais je ne l'**osais** pas.
Je **savais** que je n'allais jamais oublier cette fille. Je suis amoureux de toi, sans te connaître. Téléphone-moi.

Aufgabe 55

MME MEUNIER : Maintenant nous habitons dans un appartement. À Nogent, nous **habitions** dans une vieille maison.

M. MEUNIER : Et je me lève à six heures le matin. À Nogent, je me **levais** à cinq heures.

MME MEUNIER : Ici, on prend le petit déjeuner tous ensemble. À Nogent, je **prenais** le petit déjeuner seule avec les enfants.

M. MEUNIER : C'est vrai. Ici, les enfants sortent de la maison à 8.30 heures. À Nogent, ils **sortaient** à huit heures.

NICOLE : Mais papa, ici tu travailles plus longtemps. À Nogent, tu **travaillais** jusqu'à quatre heures de l'après-midi, ici jusqu'à six heures ou plus.

M. MEUNIER : Oui, mais voyez, ici je travaille comme conducteur de métro. C'est très intéressant. À Nogent, je **travaillais** dans une petite usine.

ANDRE : Pour aller chez grand-mère, il nous faut deux heures maintenant. À Nogent, il nous **fallait** dix minutes.

MME MEUNIER : Mais à Paris tu peux aller voir 50 films le soir, et à Nogent, tu **pouvais** seulement voir un seul film le soir.

NICOLE : Ici, nous ne connaissons pas beaucoup de gens. À Nogent, nous **connaissions** tout le monde.

ANDRÉ : Eh oui. Ici, à l'école, je ne joue pas au foot. À Nogent, je **jouais** tous les jours !

M. MEUNIER : Mais ici tu fais du roller. À Nogent, tu **faisais** seulement du vélo.

ANDRE : Oui, la Défense est super pour faire du roller, c'est vrai. Quand même, à Nogent, tout **était** mieux !

ufgabe 56 Ahmed **a passé** les quatre premières années de sa vie au Maroc. C'**était** un petit garçon qui **aimait** beaucoup sa mère et son père.
À l'âge de quatre ans il **a quitté** le Maroc avec ses parents. Il **a commencé** une nouvelle vie à Marseille, en France.
Au début, il **était** très malheureux. Il ne **parlait** pas le français et donc il ne **comprenait** pas les autres garçons. À la maison on **parlait** arabe, mais Ahmed **essayait** d'apprendre la nouvelle langue le plus vite possible.
Enfin, son père **a trouvé** un bon travail et la famille n'**était** plus aussi pauvre. On **a déménagé** dans un appartement plus grand et Ahmed **est entré** à l'école. Il n'**avait** pas de problèmes car il **travaillait** beaucoup et **apprenait** vite les choses. Mais les élèves français n'**aimaient** pas le garçon du Maroc et Ahmed **était** souvent seul.
Un jour, Miguel, un garçon espagnol **est entré** dans la classe. Il **avait** les mêmes problèmes avec le français qu'Ahmed, donc Ahmed l'**a aidé**. Miguel et Ahmed **sont devenus** les meilleurs amis.

ufgabe 57 *Lösungsvorschlag:*
Mercredi dernier j'ai fait une petite promenade avec Rufus, mon chien. Nous sommes allés à la boulangerie de Mme Jolie, puis nous sommes allés au supermarché pour acheter du fromage. Tout à coup j'ai vu un voleur qui mettait quelque chose dans son sac. J'ai crié très fort mais le voleur n'a pas réagi ! Quelque temps après il a voulu sortir, alors j'ai pris un appareil photo qu'ils vendent au supermarché et j'ai pris une photo de l'homme. Alors un détective du supermarché est venu et il a dit : « Tu as volé l'appareil photo ! » J'ai dit : « Mais non. J'ai vu un voleur et il a quitté le supermarché. Donc j'ai pris l'appareil pour avoir une photo du voleur. » Le détective a alors regardé la photo et il a été très surpris. Il connaissait le voleur ! Sur la photo on pouvait voir M. Talmanier, le chef du supermarché qui mettait un petit ordinateur dans son sac.

ıfgabe 58 *Lösungsvorschlag:*
En 1985, à 13 ans, Vanessa Paradis sortait/a sorti son premier tube. C'était *Joe le taxi*. Après, elle est retournée à l'école.
En 1989, le chanteur Serge Gainsbourg a écrit des chansons pour elle. Cela a été un succès.
En 1990, elle a fait son premier film, *Noce Blanche*, et cela a été aussi un grand succès.

En 1992, elle a commencé à travailler avec Lenny Kravitz. Depuis ce jour elle a chanté en anglais et elle est devenue célèbre.
En 1993, elle a fait sa première tounée. Cela a été un triomphe. Les fans adoraient la jeune femme.
En 1995, elle a rencontré Gérard Depardieu. Ils ont tourné ensemble le film *Élisa*.
En 1999, elle a mis au monde son premier enfant. Le père était Johnny Depp.
En 2001, elle a commencé une grande tournée dans toute la France. Elle a terminée cette tournée à Montréal au Canada.
En 2004, elle a chanté en duo avec Charles Aznavour. Il fêtait son 80e anniversaire ce jour-là.

Aufgabe 59* Napoléon Bonaparte (1769–1821) **a été** un homme très important pour l'histoire de la France. Il **a changé** l'Europe en très peu de temps. En 1793, à l'âge de 24 ans, il **était** le général le plus jeune de la Révolution Française. Il **était** très intelligent, discipliné et autoritaire et il **dormait** très peu. On **disait** même qu'il **était** un génie. Il **a donné** aux Français le sentiment d'appartenir à une « Grande Nation » et les Français **ont suivi** cet homme. Ses armées **ont gagné** beaucoup de batailles et les soldats **sont** même **entrés** en Égypte. Les gens **adoraient** cet homme. Il **était** assez petit et donc il **essayait** toujours de paraître plus grand. Mais Napoléon **a voulu** un peu trop de choses. Il **n'a pas réussi** à gagner contre le tsar de Russie. Sa dernière bataille **a été** la bataille de Waterloo qui **a mis** fin à sa carrière.
Les Français **aimaient** leur Napoléon même quand il **était** déjà mort et alors, en 1848, son neveu **est devenu** président.

Aufgabe 60 Quand M. Gaultier s'est couché hier soir, il **avait pris** son petit déjeuner avec une amie. Il **avait rencontré** son secrétaire privé et il **avait discuté** les choses importantes de ce jour. Il **avait parlé** avec son collègue Karl Lagerfeld et il **avait écrit** une lettre à Heidi Klum. Il **avait reçu** un journaliste du magazine *Vogue* et lui **avait montré** le château de Versailles.
Il **était allé** au bureau pour y parler de la collection d'été. Il **avait bu** quelque chose avec Luc Besson, un réalisateur de films, et il **avait mangé** un repas excellent dans un restaurant avec sa famille le soir.

Aufgabe 61 *Lösungsvorschlag:*
Ses livres étaient partis.
Le chien était parti par la fenêtre.
On avait dessiné sur ses cahiers.
On avait bu sa limonade.
On avait mangé son chocolat.
On avait fait ses devoirs.
On avait volé ses bonbons.
On avait dormi dans son lit. / On s'était mis dans son lit.
On avait joué avec son avion. / On avait mis son avion sur le lit.
On avait ouvert la fenêtre.
La voiture était tombée sur la chaise.

Aufgabe 62* MARIE : Vous vous souvenez de la fête l'année dernière ? Quand les parents de Mathilde **sont retournés** trop tôt de leurs vacances ?

JEAN-LUC : Vous **avez vu** le visage de son père ? Oh ! là ! là ! Nous **dansions** et il nous **regardait** sans rien dire.

MATHILDE : Et on **avait préparé** si bien la fête ! Jean-Luc **avait acheté** quelque chose à boire et à manger, Marie **avait apporté** la musique, et moi, j'**avais décoré** la maison. Et tous les amis **étaient venus**.

MARIE : Moi, je **dansais** avec Sébastien quand, tout à coup, ton père **a ouvert** la porte. Marcel **a arrêté** la musique. Après, Mathilde **a ouvert** une fenêtre et nous **sommes partis**.

MATHILDE : Mes parents **étaient** très énervés, parce que je **n'avais rien dit** de la fête. Mais plus tard, dans leur chambre, ils **ont rigolé**. Le jour d'après, ma mère **a raconté** qu'elle **avait fait** la même chose quand elle **était** jeune.

Aufgabe 63 *Lösungsvorschlag:*
Mercredi, 2 août :
Nous sommes partis de Hannover à cinq heures du matin. C'était difficile de se lever *(aufzustehen)* ! Nous sommes retournés deux fois à la maison, parce que maman avait oublié quelque chose.
Le voyage était très, très long. Nous sommes arrivés en Bretagne dans l'après-midi. Notre maison est très belle. Elle est au bord de la mer.
Jeudi, 3 août :
Je suis allé à la plage cet après-midi. La mer est extra ! Il y a d'autres garçons de mon âge. J'ai un peu parlé à Frédéric, un garçon de Bordeaux. Il est gentil.

Vendredi, 4 août :
On a visité le Mont-Saint-Michel, un vieux château avec une belle église. C'était très intéressant, mais il y avait trop de touristes.
Samedi, 5 août :
Je suis allé à la plage avec Frédéric. Quelquefois, on parle français, quelquefois on parle anglais. Frédéric apprend l'anglais et l'espagnol à l'école, il ne parle pas allemand.
En France, les élèves apprennent plus l'anglais ou l'espagnol que l'allemand. Ils pensent que l'allemand est trop difficile. C'est dommage ! Frédéric veut maintenant apprendre l'allemand et venir me voir à Hannover. Et je vais aller le voir à Bordeaux.

Aufgabe 64 Tu connais le **petit** Astérix et le **grand** Obélix ? Bien sûr ! Ce sont les deux Gaulois qui font tout **ensemble** et qui luttent **toujours** contre les Romains. Mais ils sont quand même **gentils**, ces deux hommes **forts** ! Obélix porte **souvent** une **grande** pierre – elle s'appelle menhir. Qu'est-ce que c'est ? – En réalité les Gaulois n'ont **jamais** porté de menhirs, parce que les menhirs sont beaucoup plus **vieux**. Les menhirs ont été faits 3500–2200 ans **avant** Jésus-Christ. Avec ces **grands** menhirs on voulait montrer l'homme dans toute sa grandeur – quelquefois les menhirs montrent des femmes, quelquefois des hommes **importants**. En 1888 on a trouvé le **premier** menhir. Depuis ce temps, on essaie de trouver la réponse à la question : « Comment est-ce qu'on a construit ces menhirs et pourquoi est-ce qu'on a fait cela ? » Un jour, on aura peut-être trouvé la réponse.

Aufgabe 65

a) On travaille **trop**.
b) **Hier**, j'ai eu une mauvaise note.
c) Ma copine et moi, on ne peut jamais travailler **ensemble**.
d) **Demain**, on va écrire un contrôle de maths.
e) Les leçons durent **longtemps**.
f) J'ai encore des devoirs à faire. Je dois **toujours** travailler le soir.
g) **Partout** il y a des profs.
h) Je dois me lever **tôt** le matin.
i) À l'école il faut travailler **vite** et il faut travailler **beaucoup**.
j) Ouf. **Maintenant** je suis fatiguée.

Aufgabe 66

a) **Aujourd'hui**, nous allons préparer notre visite en France.
b) **Ici**, il y a des prospectus sur Strasbourg.
c) **Maintenant**, vous cherchez des informations sur Strasbourg.
d) Mélanie et Stéphane, vous travaillez **ensemble**.
e) **Maintenant**, prenez **vite** vos cahiers.
f) **Là-bas**, à Strasbourg, il y a **souvent** des marchés.
g) **Demain**, Stéphane va nous parler de La Petite France. / Stéphane va nous parler de La Petite France **demain**.
h) Il y a des informations **partout**. / **Partout**, il y a des informations.
i) Vous pouvez aussi trouver **beaucoup d'**informations sur Internet.
j) **Hier**, j'ai téléphoné à un ami de Strasbourg. / J'ai téléphoné à un ami de Strasbourg **hier**.
k) Il dit que Strasbourg est **très** intéressant.

Aufgabe 67

Bienvenue à l'hôtel *Chez Maman*. Ici on vous offre **vraiment** beaucoup de choses. Les chambres sont **joliment** décorées, et l'hôtel se trouve **directement** au centre de la ville. À l'entrée, une jeune femme vous aide **gentiment**, donc **normalement** vous n'aurez pas de problèmes. Vous pouvez lui parler **facilement**, parce qu'elle parle français, anglais et allemand. Si vous voulez **activement** visiter Paris, vous pouvez le faire **intelligemment** : avec notre guide qui est **énormément** informé sur la ville et l'histoire de la ville. Et vous n'attendrez pas **longuement** un taxi – la maison vous offre un taxi avec chauffeur, si vous le désirez. C'est pratique, parce que les rues de Paris sont **dangereuses**. Mais pas de problème : Avec Pierre, notre chauffeur, vous pouvez être **complètement** sûr d'arriver. Et maintenant : bon séjour à Paris !

Aufgabe 68

MAURICE : Salut Vanessa. Dis-moi **vite** : Qu'est-ce qui se passe ici ?
VANESSA : **Hier** quelqu'un a **méchamment** ouvert la porte et puis les fenêtres de l'école **directement** à côté de la porte.
MAURICE : **Vraiment** ? Mais **normalement** cela fait **énormément** de bruit !
VANESSA : C'est vrai. On peut **difficilement** entrer de force dans un immeuble sans faire de bruit. Mais la police pense que les criminels ont **intelligemment** ouvert la porte avec une clé.
MAURICE : Avec une clé ? C'est vraiment **intelligent**. Mais qui leur a donné les clés ?

VANESSA : Je ne sais pas. Je suis très **contente**, parce qu'il n'y a pas d'école aujourd'hui. Les criminels ont cassé **énormément** de choses, des tables, des chaises, des portes...

MAURICE : Ils ont **beaucoup** cassé ? Mais qui va payer pour tout cela ? Les élèves peuvent **difficilement** payer pour cela, ils n'ont pas d'argent...

VANESSA : Je ne sais pas qui va payer pour tout cela, mais les élèves ne vont **sûrement** pas payer ! Nous n'avons pas tout cassé !

MAURICE : Regarde, la police est là. Les policiers ont un **joli** uniforme . Ah, ils disent aux élèves d'aller **vite** à la maison. Mais je veux tout voir !

VANESSA : Bien sûr ! Moi aussi. Regarde, notre prof de maths. Il est **terriblement** énervé. Et Mme Martin, la prof d'allemand, lui parle **gentiment**. C'est une femme très **gentille**. Les criminels ont aussi cassé les cahiers avec les notes des élèves. C'est vraiment **amusant**.

Aufgabe 69 *Lösungsvorschlag:*

Jean saute aussi loin que René.
Marc court le plus vite.
Larissa court moins vite que Patricia.
Soraya court le plus lentement.
Karima saute plus haut que Séverine.
Marcel saute moins haut qu'Attilo.
L'équipe « les supermen » joue mieux que l'équipe « les stars ».
L'équipe « les supermen » joue le mieux.
L'équipe « les stars » joue plus mal que « les supermen », mais elle joue mieux que « les sportifs ».

Aufgabe 70

a) Jeanne court plus vite que Bernard.
b) Simone se lève moins tôt que sa mère. Son père se lève le plus tôt.
c) Mathieu va moins souvent au cinéma que Bastien.
d) M. Lupin mange plus tard le soir que Mme Lupin.
e) Sophie chante mieux que Chantal. Sophie chante le mieux de sa classe.
f) Fabien mange beaucoup plus que Sébastien. Laurent mange le plus des trois.
g) Lucile joue plus mal au foot qu'Estéphane. Yves joue le plus mal.
h) M. Leroc a moins dormi la nuit dernière que Mme Leroc. Leur fille Dominique a dormi le moins ...

Aufgabe 71 a) – Ici Mareike. C'est toi Sabine ?
- Ah, bonjour Mareike. Ça va ?
- Merci bien. Et toi ?
- Je vais bien aussi.
- Écoute, j'ai des problèmes avec les devoirs d'allemand. Est-ce que tu peux m'aider ?
- Oui, bien sûr. Tu viens chez moi ?
- D'accord. À bientôt, donc.
- À bientôt.

b) – Ici la FNAC, bonjour.
- Bonjour, madame. Je voudrais parler à monsieur Schmitt, s'il vous plaît.
- C'est de la part de qui ?
- Sabine Schmitt, sa fille.
- Ne quittez pas. Je vous le passe.
- Merci.

… rund um den Satz

Aufgabe 72
1 g Un stylo, c'est un instrument qu'on prend pour écrire.
2 d Un professeur, c'est une personne qui travaille à l'école.
3 j Une piscine, c'est un endroit où on peut nager et jouer dans l'eau.
4 b Un programmeur, c'est une personne qui travaille avec l'ordinateur.
5 h Une mère, c'est une femme qui a un fils ou une fille.
6 i Une souris, c'est un animal qui est petit et gris.
7 c Une pharmacie, c'est un magasin où on va pour acheter des médicaments.
8 e Le pain, c'est une chose qu'on achète dans une boulangerie.
9 a Paris, c'est une ville où vont beaucoup de touristes.
10 f Le fauteuil, c'est un meuble qu'on trouve dans la salle de séjour.

Aufgabe 73 « Salut Bertrand. Je suis maintenant dans la rue **où** se trouve la banque. J'entre dans la maison **qui** se trouve en face de la banque. J'entre dans l'appartement **que** j'ai loué pour tout voir. Je regarde maintenant l'entrée. Je vois une femme **qui** entre et un homme **qui** sort de la banque. La femme regarde l'homme et il sourit. L'homme porte un sac **qu'**il donne à la femme. C'est un grand sac **qui** est gris. Mais la femme **qui** a pris le sac n'entre pas, elle retourne à la voiture **qu'**elle a garée devant la banque et elle part très vite. Et l'homme ? Je ne sais

pas où est l'homme ! Il est parti. Ah non, je le vois. C'est l'homme **qui** porte maintenant des lunettes de soleil et **qui** descend vite la rue. »

Aufgabe 74

a) Voilà le café où les garçons portent des vêtements très élégants.
b) Voilà une actrice qui boit un café.
c) Voilà un monsieur que le garçon n'a pas vu.
d) Je vois une mère avec son enfant qui mangent des croissants.
e) Voilà une table où beaucoup d'écrivains ont déjà été assis.
f) Regarde cette chaise bleue que ton père aime beaucoup.
g) Là-bas il y a les journaux que tout le monde ici peut lire.
h) En arrière il y a même une petite librairie que les gens aiment beaucoup.
i) Dans cette librairie, il y a des milliers de livres qui intéressent beaucoup de gens.
j) Regarde ce garçon qui apporte un thé pour toi.
k) C'est un café excellent où les croissants sont meilleurs que dans le café à côté.
l) Aujourd'hui il y a toujours des cercles littéraires qui se rencontrent dans ce café tous les mardis.
m) Papa va souvent dans ce café où il peut bien travailler.
n) Regarde les photos aux murs qui montrent des écrivains et des chanteurs.
o) Là-bas tu vois le barman qui travaille ici depuis trente ans.
p) La dame sur cette photo est Edith Piaf, la chanteuse que ton grand-père a rencontrée à Paris en 1935.

Aufgabe 75

a) C'est une lettre d'amour **que** tu caches dans ton sac ? – Oui.
b) C'est un garçon gentil **qui** t'a envoyé la lettre ? – Oui.
c) C'est Marcel **qui** t'a donné la lettre ? – Non.
d) C'est un garçon **que** tu aimes ? – Oui.
e) C'est un garçon **que** je connais bien ? – Oui.
f) C'est avec un garçon **que** tu as déjà parlé ? – Oui.
g) C'est un garçon **que** nous avons rencontré hier soir ? – Non.
h) C'est un garçon **qui** est dans notre classe ? – Non.
i) C'est mon frère **qui** a écrit la lettre ?
   – Oui. Laisse-moi tranquille maintenant.
   – Mais écoute, il est bête !

Aufgabe 76

a) **C'est** ton professeur de maths **qui** a téléphoné ?
b) **C'est** papa **qui** a acheté la limonade ?
c) **Ce sont** tes souris **qui** ont mangé la baguette ?
d) **Ce sont** tes cahiers **que** papa a mis à la poubelle ?
e) **Ce sont** tes vêtements **que** le bébé a jetés par terre ?
f) **C'est** ta montre **qui** est cassée ?
g) **Ce** sont tes chaussures **qui** sont sales ?
h) **C'est** le gâteau au chocolat **que** tu as préparé ?
i) **C'est** Luc **qui** a rangé la cuisine ?
j) **C'est** papa **qui** a fait une promenade avec le chien ?
k) **C'est** ta musique **que** papa n'aime pas ?

Aufgabe 77*

a) Voilà la famille qui habite à côté maintenant.
b) Regarde le perroquet que l'enfant sort de la voiture.
c) Voilà une souris qui mange de la baguette.
d) L'homme qui porte le carton est M. Leluc.
e) La femme qui parle à Jean-Paul est Mme Leluc.
f) Qui est la fille que je vois à côté de la voiture ?
g) C'est Lucile Lecluc qui a treize ans comme nous.
h) Est-ce que tu vois le carton où se trouve la guitare ?
i) Oui. C'est Lucile qui joue de la guitare.
j) Viens. Nous allons regarder la chambre où Lucile va bientôt dormir et travailler.
k) Je cherche maman qui veut sûrement aider les voisins.
l) J'ai des bonbons que nous pouvons/qu'on peut manger là-bas.

Aufgabe 78

a) Il vient ?
Est-ce qu'il vient ?
Vient-il ?
b) Nous recevons M. Henry dans votre bureau ?
Est-ce que nous recevons M. Henry dans votre bureau ?
Recevons-nous M. Henry dans votre bureau ?
c) Vous offrez un apéritif à M. Henry ?
Est-ce que vous offrez un apéritif à M. Henry ?
Offrez-vous un apéritif à M. Henry ?
d) Elles préparent les autographes pour lui.
Est-ce qu'elles préparent les autographes pour lui ?

Préparent-elles les autographes pour lui ?

e) Tu apportes quelque chose à manger pour lui ?
Est-ce que tu apportes quelque chose à manger pour lui ?
Apportes-tu quelque chose à manger pour lui ?

f) Ils portent son sac ?
Est-ce qu'ils portent son sac ?
Portent-ils son sac ?

g) Il aime notre magasin ?
Est-ce qu'il aime notre magasin ?
Aime-t-il notre magasin ?

h) Elles sont déjà amoureuses de lui ?
Est-ce qu'elles sont déjà amoureuses de lui ?
Sont-elles déjà amoureuses de lui ?

i) On fait un petit tour pour lui montrer le magasin ?
Est-ce qu'on fait un petit tour pour lui montrer le magasin ?
Fait-on un petit tour pour lui montrer le magasin ?

j) Il peut s'asseoir ici pour donner les autographes ?
Est-ce qu'il peut s'asseoir ici pour donner les autographes ?
Peut-il s'asseoir ici pour donner les autographes ?

Aufgabe 79

a) Reste-t-il longtemps à Paris ?
b) Retourne-t-il en Angleterre après ?
c) A-t-il une petite amie ?
d) A-t-il déjà téléphoné ?
e) Vient-il seul ?
f) S'entendent-ils bien, mère et fils ?
g) Pouvez-vous me donner son numéro de téléphone ?
h) Pouvons-nous rencontrer Thierry Henry ?
i) Allons-nous avoir un autographe alors ?

Aufgabe 80

a) Parle-t-elle français ?
b) Est-elle intelligente ?
c) Vient-elle de Berlin ?
d) Est-elle jolie ?
e) Mange-t-elle de la choucroute tout le temps ?
f) A-t-elle des frères et des sœurs ?
g) Va-t-elle souvent au cinéma ?

h) A-t-elle une voiture ?
i) Aime-t-elle la musique ?

Aufgabe 81

a) M. Râleur dit qu'il n'y a plus de vin.
b) M. Râleur dit que le maire parle trop longtemps.
c) M. Râleur dit que les apéritifs sont trop chauds.
d) M. Râleur dit que le maire ne parle pas avec lui.
e) M. Râleur dit que la femme du maire ne sourit jamais.
f) M. Râleur dit qu'il n'y a rien à manger.
g) M. Râleur dit que les sandwichs ne sont pas bons.
h) M. Râleur dit qu'il fait froid parce que les fenêtres sont ouvertes.
i) M. Râleur dit que la salle est trop petite pour 50 personnes.
j) M. Râleur dit qu'ils ne connaissent personne.

Aufgabe 82

a) Aurélie dit bonjour.
b) Aurélie demande si tu es là.
c) Marie dit qu'elle ne peut pas aller au téléphone et qu'elle est malade./ Elle dit qu'elle est malade.
d) Aurélie dit que vous allez écrire une interrogation écrite aujourd'hui.
e) Marie dit qu'elle sait et qu'elle reste quand même à la maison.
f) Aurélie dit qu'elle va le dire au prof.
g) Marie dit que c'est gentil et qu'elle a mal à la tête.
h) Aurélie demande si tu (ne) viens (pas) à la fête ce soir.
i) Marie demande de quelle fête tu parles.
j) Aurélie dit qu'il y a une fête chez Fabien ce soir.
k) Marie dit qu'elle va à l'école et que ça va déjà mieux.

Aufgabe 83

a) Miriam dit que le voyage a été très long.
b) Lutz dit qu'il a dormi tout le temps.
c) Mme Delmond demande si Philipp est content d'être enfin arrivé.
d) Tabea demande où est sa valise.
e) Dorothée explique que demain ils n'ont pas cours.
f) Valérie dit que sa mère les attend dans la voiture.
g) Hélène demande si Franka a dit ‹ au revoir › à son prof.
h) M. Leroc dit qu'il a téléphoné aux parents de Lara.
i) Bérénice demande comment s'appelle le prof de Tobias.

j) Michel demande où est son père.
k) Laura dit que cette place est très belle.
l) Saskia dit qu'elle doit chercher le conducteur du car.
m) Daniela dit qu'elle ne veut pas rester.
n) Julia demande s'ils vont au cinéma ce soir.
o) Julie explique qu'elle a quatre chiens et deux chats.

Aufgabe 84

a) Mme Sentine demande si vous parlez français.
b) Mme Sentine demande si vous avez des problèmes.
c) Mme Sentine demande comment vous allez.
d) Mme Sentine demande si vous aimez les repas.
e) Mme Sentine demande si vos familles sont gentilles.
f) Mme Sentine demande si vous avez un dictionnaire.
g) Mme Sentine demande si vous dormez bien.
h) Mme Sentine demande qui prépare vos repas.
i) Mme Sentine demande où vous dormez.
j) Mme Sentine demande combien d'argent vous avez.

Aufgabe 85

Grand-père écrit qu'ils sont maintenant au pays de la Loire. Il explique qu'ils ont déjà visité beaucoup de châteaux. Il dit qu'ils sont très beaux et très grands. Il ajoute qu'il aime surtout Chambord et Blois, deux châteaux magnifiques. Il raconte qu'à Chambord un monsieur leur a expliqué comment on vivait au Moyen Age. Il demande si nous savons comment ils vivaient ? Il écrit qu'il nous a acheté un livre. Il dit que dans ce livre on nous explique tout.
Il demande comment nous allons. Il demande si André-Claude est toujours malade ? Il explique que grand-mère va très bien. Il raconte qu'elle préfère les châteaux d'Amboise et de Chenonceaux. Il explique qu'ils vont les visiter demain.

Aufgabe 86

a) Grand-père dit qu'il a toujours fait très beau.
Grand-mère dit qu'il y a eu beaucoup de pluie.
b) Grand-père dit qu'il aime tous les châteaux.
Grand-mère dit qu'Amboise et Chenonceaux sont beaux mais qu'elle n'aime pas le reste.
c) Grand-père dit que les hôtels sont très confortables.
Grand-mère dit que quelques hôtels sont vieux et trop chers.

d) Grand-père dit que les restaurants dans le pays de la Loire sont magnifiques.
Grand-mère dit qu'ils ont souvent mangé des sandwichs parce que les restaurants étaient trop chers.
e) Grand-père dit que les vacances sont toujours trop courtes.
Grand-mère dit qu'elle est contente d'être à la maison.

Aufgabe 87
a) Le journaliste demande ce qui s'est passé en 1954.
b) Le journaliste veut savoir ce que les journalistes ont dit quand l'Abbé Pierre est arrivé pour s'adresser à la France.
c) Le journaliste demande ce que les gens ont donné aux pauvres en 1954.
d) Le journaliste demande qui l'a aidé le plus en 1954.
e) Le journaliste veut savoir ce qu'ils vendent à la communauté d'Emmaüs.
f) Le journaliste lui demande qui l'a aidé à organiser Emmaüs.
g) Le journaliste veut savoir ce qu'il a fait en 1994.
h) Le journaliste demande ce qui l'intéresse dans sa vie privée.
i) Le journaliste demande ce que l'Abbé propose aux jeunes d'aujourd'hui pour avoir une bonne vie.
j) Le journaliste demande ce qui a été le moment le plus important dans sa vie.

Aufgabe 88
a) Stéphane se demande ce qui se passe.
b) Stéphane se demande ce qu'il va faire maintenant.
c) Stéphane se demande qui il va voir le week-end.
d) Stéphane se demande qui va être avec lui pendant la semaine.
e) Stéphane se demande ce qu'il va raconter à ses amis.
f) Stéphane se demande ce qui l'intéresse le plus, la vie avec papa/son père ou la vie avec maman/sa mère.
g) Stéphane se demande qui lui va donner son argent de poche.
h) Stéphane se demande ce qu'il va faire avec son chien.
i) Stéphane se demande ce que sa sœur va faire.
j) Stéphane se demande ce qu'il va dire à papa/son père pour expliquer qu'il veut vivre avec maman/sa mère.

Aufgabe 89*
a) L'Abbé Pierre explique ce qui s'est passé en 1954.
b) L'Abbé Pierre explique ce que les gens d'Emmaüs font.

c) L'Abbé Pierre raconte ce qui l'a aidé le plus dans sa vie.
d) Le journaliste explique ce qui l'intéresse.
e) L'Abbé Pierre raconte ce que les Français ont donné aux pauvres.
f) L'Abbé Pierre explique ce qu'il a dit aux gens en 1954.
g) L'Abbé Pierre raconte ce qu'il fait aujourd'hui.
h) L'Abbé Pierre explique ce qu'il fait quand les gens cherchent du travail.
i) Le journaliste demande ce que l'Abbé Pierre fait pendant son temps libre.
j) L'Abbé Pierre raconte ce qu'il propose aux chômeurs.
k) L'Abbé Pierre raconte ce qu'il a pensé et fait quand il était un jeune homme.

Aufgabe 90

a) **Qui** est-ce qui a gagné la Coupe du Monde en 1998 ?
– **L'équipe de France.**
b) **Qu'**est-ce que c'est, une aubergine ?
– **C'est un légume.**
c) **Qui** est-ce qui a chanté « Je ne regrette rien », Edith Piaf ou Jacques Brel ?
– **C'est Edith Piaf.**
d) **Qu'**est-ce qui intéressait Claude Monet, la littérature ou la peinture ?
– **C'est la peinture.**
e) **Qui** est-ce que Napoléon a épousé, Joséphine ou Jeanne d'Arc ?
– **C'est Joséphine.**
f) **Qui** est-ce qui est le druide chez Astérix et Obélix ?
– **C'est Miraculix.**
g) **Qui** est-ce qui n'est pas un comédien, Pierre Richard, Jean Paul Belmondo ou Jacques Chirac ?
– **C'est Jacques Chirac, l'homme politique.**

Aufgabe 91

a) **Qui** est-ce qui sort ? – Les parents.
b) **Qu'**est-ce que les parents vont faire ? – Ils vont aller au théâtre.
c) **Qui** est-ce qui a fait la vaisselle hier ? – André.
d) **Qui** est-ce qui doit faire la vaisselle aujourd'hui ? – Martine.
e) **Qu'**est-ce que Martine fait ? – Elle regarde la télé.
f) **Qui** est-ce qu'on voit dans la porte ? – André.
g) **Qu'**est-ce qu'André va faire ? Ses devoirs.
h) **Qui** est-ce qui est au téléphone ? – Martine.
i) **Qui** est-ce que Martine appelle ? – André.
j) **Qu'**est-ce qu'il y aura demain ? – Un match de football.
k) **Qu'**est-ce qu'André va faire aujourd'hui ? – La vaisselle.

l) **Qu'**est-ce qu'André peut voir demain ? – Le match.
m) **Qu'**est-ce qui n'intéresse pas André ? – Le tennis.

Aufgabe 92 ❶ Qu'est-ce **que** tu fais ?
❷ Qui est-ce **qui** dit la vérité ?
❸ Qui est-ce **qui** va aider le prof ?
❹ Qu'est-ce **que** tu fais ?
❺ Qu'est-ce **que** tu pense ?
❻ Qu'est-ce **qui** t'intéresse plus ?
❼ Qu'est-ce **qui** est plus important ?

Aufgabe 93 a) **Qu'est-ce que** tu préfères : la musique ou le sport ?
Lösungsvorschlag: Je préfère la musique.
b) **Qui est-ce qui** range ta chambre ? Toi ou tes parents ?
Je range ma chambre (moi-même). / C'est moi qui range ma chambre.
c) **Qu'est-ce qui** t'intéresse à l'école ?
La musique et l'anglais m'intéressent à l'école.
d) **Qui est-ce que** tu préfères au football ? L'Olympique Lyon ou l'AS Monaco ?
Je préfère l'Olympique Lyon.
e) **Qu'est-ce que** tu manges le matin ?
Je mange du pain ou un croissant.
f) **Qu'est-ce que** tu vas faire ce week-end ?
Je vais aller voir ma grand-mère.
g) **Qui est-ce qui** travaille le plus, toi ou ton ami ?
Moi, je travaille plus que mon ami. / C'est moi qui travaille le plus.
h) **Qu'est-ce que** tu aimes mieux ? Le volley-ball ou le football ?
J'aime mieux le volley-ball.
i) **Qui est-ce qui** est le plus sévère ? Ton père ou ta mère ?
Ma mère est plus sévère que mon père.
j) **Qui est-ce que** tu invites pour ton anniversaire ? Les amis ou la famille ?
J'invite les deux, mes amis et ma famille.
k) **Qui est-ce qui** t'énerve plus ? Les profs ou les parents ?
Les profs m'énervent plus que les parents.
l) **Qui est-ce que** tu admires plus ? Les stars du sport ou les stars de la musique ?
J'admire plus les stars de la musique que les stars du sport.

m) **Qu'est-ce qui** est le plus ennuyeux ? L'école ou les devoirs ?
Les devoirs sont plus ennuyeux que l'école.

n) **Qu'est-ce que** tu fais après l'école ? Tu fais tes devoirs, tu dors ou tu manges quelque chose ?
Après l'école, je fais mes devoirs.

o) **Qui est-ce qui** s'intéresse le plus à tes problèmes ? Ta mère ou ton père ?
Ma mère s'intéresse plus à mes problèmes que mon père.

p) **Qu'est ce que** tu fais quand tu as une mauvaise note ?
Je parle à ma copine qui ensuite m'explique mes fautes.

q) **Qu'est-ce que** tu préfères à la télé ? Les films français ou les films américains ?
Je préfère les films français.

r) **Qui est-ce que** tu préfères pour t'accompagner au cinéma ? Un garçon ou une fille ?
Je préfère les garçons pour m'accompagner au cinéma.

Aufgabe 94

1	« Est-ce que vous acceptez des chèques ? »
4	« **Qu'**est-ce que c'est ? »
5	« Oh, **qui** est-ce, là, à la télé ? »
2	« Mais qu'est-ce **que** tu fais ? »
3	« Alors, qu'est-ce **que** tu veux ? »
1	« Oui, bien sûr. Cela fait 55 euros. »
2	« Je joue avec les pommes. C'est super ! »
4	« C'est un Camembert de Normandie. »
3	« Prenons un vin rouge. »
5	« C'est Sophie Marceau, l'actrice. »

Aufgabe 95*

a) Tu t'appelles comment ? / Comment est-ce que tu t'appelles ?
b) D'où est-ce que tu viens ? / Tu viens d'où ? / Tu habites où ?
c) Tu as quel âge ? / Quel âge as-tu ?
d) Qu'est-ce que tu fais (comme travail) ? / Quel est ton métier ?
e) Qui écoute ta musique ?
f) Est-ce que tu chantes seulement en français ?

g) Pourquoi est-ce que tu es (devenu) chanteur ?
h) Comment s'appelle ton dernier album ?
i) Qu'est-ce qu'on parle au Sénégal ? / Quelle langue est-ce qu'on parle au Sénégal ?
j) Comment s'appelle la capitale du Sénégal ?
k) Où est-ce que tu habites ?
l) Qu'est-ce qui te plaît à Dakar ? / Qu'est-ce que tu aimes à Dakar ? / Pourquoi est-ce que tu aimes Dakar ?
m) Qu'est-ce que tu fais le dimanche ?
n) Où se trouve le Sénégal ?
o) Est-ce que tu vas bientôt chanter en France ? Vas-tu bientôt chanter en France ?
p) Est-ce qu'il y a encore des tickets pour ton concert ?
q) Qu'est-ce que tu préfères, la France ou le Sénégal ?
r) Est-ce que tu connais l'Allemagne ?

Aufgabe 96

a) J'aime bien le tennis et j'aime aussi le ping-pong.
b) Ma mère joue au tennis mais mon père ne joue pas.
c) Mon grand-père m'a acheté ma première raquette quand j'ai fêté mon 5e anniversaire.
d) La raquette était très belle, donc je jouais beaucoup.
e) J'apprenais beaucoup parce que j'avais un bon entraîneur.
f) Comme mes parents me payaient un professeur privé, je jouais chaque jour.
g) Mon grand-père me regardait toujours pendant que je m'entraînais.
h) Quand il y avait un match ma mère m'y conduisait ou mon père prenait le train avec moi.
i) Le tennis, c'est dur, donc je ne sais pas si mes enfants vont aussi faire du tennis.
j) Maintenant je joue moins, car je dois travailler beaucoup pour l'école.

Aufgabe 97

Salut Daniela. Comment est-ce que tu vas ? Je n'ai pas pu chatter la semaine dernière **car/parce que** c'était l'anniversaire de ma mère. On a fait beaucoup de gâteaux, **donc/et** j'ai aidé. La fête était super **mais** le soir j'étais fatiguée !

Salut Muriel. Je vais très bien **car/parce que** j'ai eu une bonne note en maths aujourd'hui ! Je t'ai déjà raconté **que** je ne suis pas très bonne en maths, **donc** c'est super !

C'est extra ! Est-ce que tes parents te donnent de l'argent pour une bonne note **ou** est-ce qu'ils ne te donnent rien ?

Si, si. Mes parents me donnent 2 euros **et** ma grand-mère me donne 3 euros. Elle me donne même 4 euros **quand** c'est une matière importante. **Comme** c'étaient les maths, j'ai eu 6 euros.

Aujourd'hui c'est le 1er avril. Est-ce qu'on fait des blagues aux autres en France **ou** est-ce un jour normal ?

Oh, chez nous on fait beaucoup de blagues. À l'école nous collons des poissons en papier sur le pullover des amis **quand** ils travaillent. Et dans les journaux il y a beaucoup de blagues. Les journalistes se demandent alors **si** les gens comprennent que c'est une blague !

C'est la même chose en Allemagne **mais** nous ne collons pas de poissons sur les pullovers. Nous collons des papiers avec, par exemple, « Je suis bête » sur les pullovers des autres **quand** ils ne regardent pas. Ce matin, mon amie a collé « J'aime bien Alexander » sur mon pullover **car/parce que** j'aime bien ce garçon. Ce n'était pas gentil **car/parce que** maintenant tout le monde le sait !

Oui, oui, les amies… Qu'est-ce que tu vas faire ce soir ? Moi, je vais aller au cinéma **si** mon frère fait la vaisselle… Mon frère est très bête **et** il est aussi très paresseux ! Et ta sœur ? Est-ce qu'elle est gentille **ou** est-ce qu'elle est méchante ?

Karolin ? Oh, ça va, elle est gentille.

Je dois faire mes devoirs maintenant…

À bientôt !

À bientôt et bonne chance avec Alexander !

ufgabe 98 « Excusez-moi, M. Dujardin, **mais** je n'ai pas fait mes devoirs **car/parce que** mon chien Rufus a mangé mon cahier. Vous savez, il est très jeune **et** il est dans notre famille depuis la semaine dernière. **Quand** il est venu, ma mère était très énervée, **car/parce qu'**il a tout mangé. Même mon père, un homme très calme, a dit **que** cela ne va pas. Il a dit : « Il faut rendre le chien **s'**il n'arrête pas de manger tout. » Rufus a regardé mon père **mais** il n'a pas changé. Mais papa ne va pas le rendre **car/parce que** Rufus est si mignon ! Papa va peut-être l'entraîner **ou** il va payer un entraîneur. Hier, Rufus a mangé mon cahier d'anglais **pendant que** je téléphonais, **donc** aujourd'hui je n'ai pas mes devoirs. **Comme** j'ai téléphoné pendant une heure, Rufus a eu beaucoup de temps pour tout manger ! Est-ce que vous comprenez mon problème, M. Dujardin ? »
« Assez – et maintenant travaille. Je vais téléphoner ton père **et** lui demander **si** ton histoire est vraie ! »

ufgabe 99
a) **derrière** le plumier
b) **devant** le plumier
c) **dans** le plumier
d) **sur** le plumier
e) **sous** le plumier
f) **à côté** du plumier

fgabe 100
a) Voilà Serge. C'est le garçon qui mange une pomme. Il se trouve **sur** l'arbre.
b) Frédéric est le petit garçon qui court **vers** sa mère.
c) Manuel, c'est le garçon avec les lunettes qui se trouve **sur** l'arbre.
d) Sylvie est la grande fille qui joue **dans** le sable.
e) Ugolin, c'est le petit garçon **sur** la balançoire.
f) Fanny est la petite qui joue **près** d'Ugolin et qui le regarde tout le temps.
g) Julie est la fille qui boit une limonade. Elle est **en** vacances ici. Normalement, elle vit dans une autre ville.
h) Serge est le bébé. Il est né **en** août. C'est le petit qui joue avec la voiture. Il reste toujours **avec/près de** sa mère.

i) Aimée, c'est la fille qui se trouve **à côté de** la balançoire.
j) Luc est le garçon qui se trouve **à** l'entrée du terrain de jeux. Il a un peu peur des autres.
k) Marie joue **avec** sa poupée, là, **sous** la table.
l) Céline, c'est la fille qui habite maintenant **à** Berlin, en Allemagne. Elle joue avec Marie.
m) Sonia veut toujours manger une glace **à** quatre heures pour le goûter[1]. C'est la fille avec le ballon.

Aufgabe 101 *Lösungsvorschlag:*

Voilà ma chambre. **Dans** ma chambre il y a un lit. **Sur** ce lit, il y a souvent mes bandes dessinées, mes livres, etc. **Sous** le lit il y a des vêtements, des jeux et mes chaussures. Ma mère n'aime pas cela ! **À côté du** lit il y a une chaise, et **derrière** la chaise il y a mon bureau. La chaise et le bureau se trouvent **devant** la fenêtre. **Au** mur il y a quelques posters **avec** des stars de la musique pop. Et j'ai une étagère **à côté du** bureau. **Sur** cette étagère il y a mes livres.

Aufgabe 102 « Salut. Je m'appelle Élodie et j'ai 14 ans. Je vais à l'école **à** Bordeaux. J'habite **chez** mes grands-parents, parce que mes parents sont morts. J'ai un frère, Maurice, qui a 12 ans. Maurice aime beaucoup le cinéma et donc, **le** week-end, il va souvent **au** cinéma ou il va **chez** son ami René et passe tout le week-end **avec/chez** lui. Moi, je reste **avec** mes grands-parents, je vais **dans** le jardin ou j'invite des amies de passer le week-end **dans** ma famille.

J'ai une amie, Fabienne, que j'aime beaucoup. Chaque matin, elle regarde **par** la fenêtre (elle m'attend toujours **à** 8.30 heures le matin) et on va **à** l'école ensemble. À l'école nous passons toujours la récréation ensemble **dans** la cour. **Pendant** les vacances, elle habite souvent **chez** nous parce que mes grands-parents l'aiment aussi beaucoup. Alors nous faisons du vélo **dans** la rue ou nous allons **dans** un café ou nous mangeons du gâteau **chez** ma grand-mère. **En** 2008 elle a gagné un prix pour son gâteau aux pommes !

Eh bien, **le** week-end dernier j'ai eu rendez-vous avec Fabienne **dans** le café « La belle mer » **à** trois heures. Fabienne avait son chien Rufus **avec** elle, un gentil petit animal. Le garçon a mis mon chocolat et la limonade de Fabienne **sur** la table – et de l'eau pour Rufus **sous** la table **à côté** de nos pieds.

Tout à coup un cabriolet rouge s'est arrêté **devant** le café. Un jeune homme **avec** des lunettes de soleil est sorti de la voiture. Il a choisi la table **à côté** de

nous et il a appelé le garçon. Il a voulu trois apéritifs, deux cafés et trois repas ! Et qu'est-ce qu'il a fait quand il a fini, **après** le repas ? Il est sorti sans payer ! Non, ce n'est pas correct. Il a essayé de sortir sans payer, mais le chien Rufus a tout vu et il a couru **après** le voleur. Il a tiré le monsieur par le pantalon **jusqu'à** l'arrivée de la police.
Le soir Rufus a eu du gâteau aux pommes de ma grand-mère ! »

gabe 103 *Lösungsvorschlag:*

Chère Sylvie, Carnon, le 12 août 2014
un petit bonjour du sud de la France. C'est super ici ! Il fait très beau, alors nous allons souvent à la plage pour nous baigner ou nous nous promenons à la plage.
Un jour nous avons visité Nîmes et le Pont du Gard parce que maman aime bien les monuments des Romains ! Moi, je préfère la plage ! Mais j'ai pris beaucoup de photos de Nîmes pour te montrer tout. Lundi nous allons rentrer en avion.
À bientôt, gros bisous,
Murielle

gabe 104
a) 90 centimes
b) 72 euros
c) 99 centimes
d) 75 centimes
e) 1888 euros
f) 336 euros
g) 83 centimes
h) 70 centimes
i) 94 centimes
j) 200 euros
k) 71 centimes
l) 151 euros

gabe 105
a) 71 : **soixante et onze**
b) 99 : **quatre-vingt-dix-neuf**
c) 101 : **cent un**
d) 229 : **deux cent vingt-neuf**
e) 888 : **huit cent quatre-vingt-huit**
f) 2 002 : **deux mille deux**
g) 3 000 000 : **trois millions**
h) 85 : **quatre-vingt-cinq**
i) 675 : **six cent soixante-quinze**

j) 493 : **quatre cent quatre-vingt-treize**
k) 78 : **soixante-dix-huit**
l) 130 : **cent trente**

Aufgabe 106

numéro	département	chef-lieu	région
87 quatre-vingt-sept	Haute-Vienne	Limoges	Limousin
79 soixante-dix-neuf	Deux-Sèvres	Niort	Poitou-Charentes
91 quatre-vingt-onze	Essonne	Evry	Île-de-France
70 soixante-dix	Haute-Saône	Vesoul	Franche-Comté
74 soixante-quatorze	Haute-Savoie	Annecy	Rhône-Alpes
92 quatre-vingt-douze	Hauts-de-Seine	Nanterre	Île-de-France
75 soixante-quinze	Paris	Paris	Île-de-France
73 soixante-treize	Savoie	Chambéry	Rhône-Alpes
77 soixante-dix-sept	Seine et Marne	Melun	Île-de-France
76 soixante-seize	Seine-Maritime	Rouen	Haute-Normandie
80 quatre-vingts	Somme	Amiens	Picardie
81 quatre-vingt-un	Tarn	Albi	Midi-Pyrénées
94 quatre-vingt-quatorze	Val de Marne	Créteil	Île-de-France
95 quatre-vingt-quinze	Val d'Oise	Pontoise	Île-de-France
83 quatre-vingt-trois	Var	Toulon	Provence-Alpes-Côte d'Azur
84 quatre-vingt-quatre	Vaucluse	Avignon	Provence-Alpes-Côte d'Azur
86 quatre-vingt-six	Vienne	Poitiers	Poitou-Charentes
88 quatre-vingt-huit	Vosges	Epinal	Lorraine
89 quatre-vingt-neuf	Yonne	Auxerre	Bourgogne
78 soixante-dix-huit	Yvelines	Versailles	Île-de-France

Aufgabe 107

a) Isabelle est **la troisième** qui arrive.
b) Luc est **le dixième** qui arrive.

c) Sébas est **le sixième** qui arrive.
d) Karima est **la quatrième** qui arrive.
e) Véronique est **la huitième** qui arrive.
f) Serge est **le deuxième** qui arrive.
g) Martin est **le neuvième** qui arrive.
h) Patrick est **le premier** qui arrive.
i) Maurice est **le cinquième** qui arrive.
j) Yasmina est **la septième** qui arrive.

gabe 108 « Donc, jeune homme, vous prenez **la troisième** à gauche. Puis vous prenez **la première** à droite, ensuite **la troisième** à droite. Après c'est **la deuxième** à droite. Puis vous continuez et vous tournez dans **la première** à gauche. Vous suivez la rue et vous tournez dans **la première** rue à droite, c'est une grande avenue. Vous allez tout droit dans cette avenue et ensuite vous prenez **la deuxième** rue à droite. Vous suivez la rue, prenez encore **la première** rue à droite et vous tournez dans **la première** à gauche. Ensuite vous prenez **la première** à gauche, c'est la rue Carnot. Maintenant ce n'est plus loin. Vous prenez **la première** à gauche et alors vous tournez dans **la première** à droite. Vous suivez la rue et vous allez voir le château. » – « Merci monsieur, si je tourne à gauche, là, dans **première** rue à gauche, est-ce que ce n'est pas beaucoup plus court ? » – « C'est vrai, mais vous n'allez rien voir de la ville de Versailles comme cela ! »

gabe 109

a) Vincenzo Nibali est arrivé le **premier**.
b) A. Valverde Belmonte est arrivé le **quatrième**.
c) Pierre Rolland est arrivé le **onzième**.
d) Steven Kruijswijk est arrivé le **quinzième**.
e) A. Valverde Belmonte était le **premier** Espagnol.
f) Thibaut Pinot était le **deuxième** Français.
g) Mikel Nieve Iturralde était le **troisième** Espagnol.
h) Le premier Français est arrivé **deuxième**.
i) Le Tchèque est arrivé **septième**.
j) Le troisième Espagnol est arrivé **dix-huitième**.
k) Tanel Kangert est arrivé **vingtième**.
l) Leopold Konig est arrivé **septième**.
m) Tejay van Garderen était le **premier** Américain.
n) Le **troisième** Français s'appelle Romain Bardet.

Aufgabe 110

a) Arthur mange **la moitié du/un demi-**gâteau de sa grand-mère.
b) Clément mange les **trois quarts** du gâteau de sa grand-mère.
c) Gilles mange **un cinquième** du gâteau de sa grand-mère.
d) Maurice mange **un tiers** du gâteau de sa grand-mère.
e) Serge mange **un sixième** du gâteau de sa grand-mère.
f) Franck mange **un quart** du gâteau de sa grand-mère.

Aufgabe 111

a) Un tiers de la classe veut visiter le parc Eurodisney.
b) Un cinquième de la classe veut visiter la ville de Paris.
c) Un septième de la classe veut aller visiter le zoo.
d) Un dixième de la classe veut faire une promenade avec pique-nique.
e) Un seizième de la classe veut aller visiter le château de Fontainebleau.
f) Un quart de la classe veut aller à la piscine.
g) Un vingtième de la classe veut aller au musée du Louvre à Paris.
h) La moitié de la classe veut aller au bord de la mer.
i) Un dix-neuvième de la classe veut aller voir la Tapisserie de Bayeux.
j) Un trentième de la classe veut rester à l'école.

Le résultat : Les élèves vont aller au bord de la mer.

Aufgabe 112

75 % Les **trois quarts** des jeunes voient leurs grands-parents au moins une fois par semaine.

20 % **Un cinquième** des jeunes s'intéressent à l'avis de leurs grands-parents (quand on parle de la politique, de la religion, etc.).

50 % **La moitié** des jeunes parlent avec leurs grands-parents quand ils ont des problèmes à l'école.

25 % **Un quart** des jeunes parlent avec leurs grands-parents quand ils ont des problèmes d'amour ou des problèmes avec les parents.

80 % **Quatre cinquièmes** des jeunes vont voir leurs grands-parents pendant les vacances.

40 % **Deux cinquièmes** des jeunes sont contents quand les grands-parents viennent voir leur famille.

10 % **Un dixième** des jeunes téléphonent régulièrement à leur grand-père ou leur grand-mère.

70 %	**Sept dixièmes** des jeunes écrivent une lettre pour l'anniversaire du grand-père ou de la grand-mère.
90 %	**Neuf dixièmes** des jeunes trouvent que les grands-parents sont moins sévères que les parents.
33 %	**Un tiers** des jeunes reçoivent de l'argent de poche de leurs grands-parents.

Bildnachweis

Hinweise: Tastatur: © pico – Fotolia.de
S. 2: Reichstag: www.photocase.de/Marco Pflanze; London: © Ross Parker, 2004; Kolosseum: Alex Fiore; Mühle: www.photocase.de/helfried
S. 5: Brotlaib: Tracy Scott-Murray
S. 22: Apfel: www.printmania.ro, PrintMania, digital printing services; Käse: Ana Abreu; Briefkasten: Lucas Mees
S. 32: jenny w.
S. 34: Keppens Toon
S. 36: Eiffelturm: www.photocase.de/the-ox; Grande Arche und Tour Montparnasse: www.aviewoncieties.com; ww.aviewoncities.com;Europaparlament: www.photocase.de/Friedrich Plechschmidt
S. 37: Papagei: Lyndon Smith; Maus: Lynne Lancaster; neue Kirche: Roy Mattappallil; alte Kirche: Lucas Mees
S. 38: Baum: Lars Sundström; Eiffelturm: Ramasamy Chidambaram
S. 39: Sophie: und Marc: Bobbie Osborne; Muriel: Enitia Karijodinomo; Sébastien: Kevin Dutra
S. 40: Mark Hillman
S. 55: Lucas Mees
S. 57: www.photocase.de/the-ox
S. 59: Freiheitsstatue: www.photocase.de/Stefan Friedrich; Central Park: Roque Corona
S. 69: Paris: www.aviewoncities.com; Nogent: © photo JM Lecomte
S. 79: Lucas Mees
S. 90: T. Al Nakib
S. 95: Cinetext/Allstar
S. 106: Lucas Mees
S. 117: Cinetext/Anna Meuer
S. 122: Kristi Falco
S. 128: Airbus: Emmanuel Wuyts; Pont du Gard: Philip Jackson; Strand: Felix Carretto; Fotoapparat: © Marcos Santos/www.sxc.hu
S. 131: Münzen: Witold Barski; Globus: Robb Kiser; Kerze: Penny G
S. 132: Säbel: Ahmed Al-Shukaili; Kappe: www.photocase.de/Judith; Monitor: © Cobalt – Fotolia.com

Ihre Meinung ist uns wichtig!

Ihre Anregungen sind uns immer willkommen. Bitte informieren Sie uns mit diesem Schein über Ihre Verbesserungsvorschläge!

Titel-Nr.	Seite	Vorschlag

Bitte hier abtrennen

Lernen • Wissen • Zukunft
STARK

Zutreffendes bitte ankreuzen!

Die Absenderin/der Absender ist:

- ☐ Lehrer/in in den Klassenstufen: ______
- ☐ Fachbetreuer/in
  Fächer: ______
- ☐ Seminarlehrer/in
  Fächer: ______
- ☐ Regierungsfachberater/in
  Fächer: ______
- ☐ Oberstufenbetreuer/in
- ☐ Schulleiter/in
- ☐ Referendar/in, Termin 2. Staatsexamen: ______
- ☐ Leiter/in Lehrerbibliothek
- ☐ Leiter/in Schülerbibliothek
- ☐ Sekretariat
- ☐ Eltern
- ☐ Schüler/in, Klasse: ______
- ☐ Sonstiges: ______

Unterrichtsfächer: (Bei Lehrkräften!)

______

STARK Verlag
Postfach 1852
85318 Freising

24-V_TRUM
Bitte ausfüllen und im frankierten Umschlag an uns einsenden. Für Fensterkuverts geeignet.

Kennen Sie Ihre Kundennummer?
Bitte hier eintragen.

Absender (Bitte in Druckbuchstaben!)

Name/Vorname

Straße/Nr.

PLZ/Ort/Ortsteil

Telefon privat

Geburtsjahr

E-Mail

Schule/Schulstempel (Bitte immer angeben!)

Bitte hier abtrennen

(Bitte blättern Sie um)